José Ramón Ubieto
SOLEDADES DIGITALES

CUANDO LA CONEXIÓN SUSTITUYE
AL VÍNCULO

© José Ramón Ubieto, 2026

Imagen del autor cedida por Eloi Orobig

Derechos reservados para todas las ediciones en castellano

© Ned ediciones, 2026

Primera edición: marzo, 2026

Preimpresión: Moelmo SCP
www.moelmo.com

ISBN: 979-13-87967-09-3
Depósito Legal: B 3258-2026

Impreso en Sagrafic
Printed in Spain

Ned Ediciones
www.nedediciones.com

A mis próximos que, con su compañía y cariño,
me ayudan a habitar mi propia soledad

ÍNDICE

Prefacio

Había estado en la muerte, en efecto, pero había regresado
porque no pudo soportar la soledad.

Gabriel García Márquez, *Cien años de soledad*

La soledad me ha acompañado toda la vida, como imagino que a
muchos otros. En la infancia tenía el color del desamparo: el que
dejaban una pelea en el colegio, la bronca de un profesor o el
rechazo de algún compañero. Más tarde, ya adolescente, adoptó
otras formas: a veces era el sentimiento de abandono durante el
internado escolar y la ausencia familiar; otras, el temor a fracasar
en mis primeros proyectos; y, hacia el final, el desconcierto del encuentro con la sexualidad, siempre traumático porque es inevitable abordarlo en soledad. Observábamos a los más atrevidos del
grupo, los que ya tenían novia, y en sus experiencias buscábamos
pistas y esperanzas. Pero cada uno sabía que ese pasaje habría de
recorrerlo solo.

En todo ese tiempo tuve siempre un aliado fiel, la lectura.
Gracias a ella pude habitar la soledad imaginando mundos diversos y fantaseando con un futuro rodeado de pareja y amigos.
A veces me quedaba mirando por la ventana de mi habitación, con
el presentimiento firme de que un día saldría de aquel pequeño

universo, cerrado y un tanto asfixiante, para encontrar un lugar donde sentirme menos solo.

La vida adulta también me deparó momentos de soledad, algunos muy productivos y otros tristes y difíciles. La muerte súbita de mi compañera y madre de mis hijos me dejó un sentimiento profundo y doloroso de soledad que tardé tiempo en calmar. No era solo un afecto, sino un agujero real en mi vida, un desgarro en una realidad íntima que llevó tiempo recoser para seguir viviendo con esa cicatriz.

Siempre tuve la suerte y el deseo de acompañarme con seres queridos, mis hijos, mi pareja actual, mi familia y mis amigos. También los libros y el trabajo han sido una compañía. Si tengo un gusto por la escritura es porque, como decía Lacan, no nos queda otra que tratar de escribir algo que dé forma a la soledad.

Sin embargo, la experiencia de Manu, joven de 18 años que fue adoptado siendo bebé, es distinta, más propia de la era virtual. Su primera y segunda infancia estuvieron marcadas por la soledad de quien se siente diferente. Algunas dificultades escolares reforzaron esa sensación de segregación y, aunque contó siempre con el apoyo firme de su familia, él no lograba sentirse parte de ese mundo en el que, no obstante, vivía. Un cambio de centro escolar y el acompañamiento familiar y terapéutico le permitieron, por primera vez, sentirse menos solo.

La adolescencia llegó con una pasión voraz por las pantallas. Manu intentaba vivir allí el mayor tiempo posible, en ese mundo donde no se sentía excluido. Hablaba de sus colegas virtuales como si fueran amigos reales: gente que «veía» cada día, aunque no hubiese presencia física alguna. Allí era uno más; incluso podía sentirse popular —o al menos fantasear con la idea— cuando ganaba alguna partida, aunque para ello recurriera a veces a pequeñas trampas. También descubrió a alguna chica con la que hablar y quedar; encuentros fallidos, pero ilusionantes durante un tiempo. Pero todas esas conexiones eran insuficientes para él, siempre le dejaban el regusto de una ausencia.

Hoy, Manu tiene un trabajo estable en un entorno que le gusta. Eso atenúa su sentimiento de «ser diferente» y lo deja menos solo en relación al grupo. Pero lo más interesante es que ha encontrado una vía creativa propia: la fotografía. Gracias a ella, se aleja por momentos de las pantallas y puede mostrar sus producciones, en redes y en presencia, algunas de una gran belleza. Ese acto de creación le devuelve una imagen más amable de sí mismo. Lo digital sigue ocupando un lugar relevante en su vida, pero ya no es la única forma de habitar su soledad. Sus fotografías son suyas, nacen de su mirada y trazan paisajes íntimos que lo liberan —aunque sea por instantes— de la necesidad de vivir pendiente de las vidas ajenas.

Han Nefkens, holandés de 71 años, se presenta como filántropo y coleccionista de videoarte. Nació sin la mano izquierda y con la derecha parcialmente desarrollada. A los 33 años contrajo SIDA, cuando apenas existían tratamientos, y en 2002 sufrió una infección cerebral que casi le costó la vida. Su experiencia con la soledad fue precoz e intensa, y encontró en el apoyo constante de su pareja y en su pasión por el arte un modo de transformarla: «El motor que me inspira es conectar a los artistas con los museos del mundo, y a los artistas y a los museos entre ellos y con el público; así palié mi soledad».

Estas tres historias son solo una pincelada de la relevancia inédita que ha tomado el tema de la soledad en los últimos años. En 2023, el Cirujano General de Estados Unidos[1] alertó de que

---

1. Equivalente al Director General de Salud Pública.

la soledad constituye una amenaza para la salud pública comparable al tabaquismo. Antes, el Reino Unido (2018) y Japón (2021) habían creado ministerios específicos para combatirla. En España, la Fundación ONCE impulsó en 2022 el Observatorio Estatal de la Soledad no Deseada (SoledadES), cuyo último barómetro ofrece un dato inquietante: dos de cada tres personas conocen a alguien que se siente solo sin quererlo.[2] El estudio además calcula que la soledad involuntaria tiene un elevado coste y que la mitad de los adultos con discapacidad que viven en España se sienten solos en este momento.

Hoy todo el mundo habla de su soledad. La mencionan quienes viven solos, quienes tienen pareja, quienes comparten amistad, casa o trabajo con otros. Algunos la describen de manera directa; otros la expresan a través de pesadillas en las que se ven solos o temen ser abandonados. Para la mayoría, la soledad aparece como una amenaza vital, una fuente constante de angustia, y es sin duda uno de los principales retos que enfrentamos en nuestra época.

Remotamente conectados, débilmente vinculados

Rut tiene 34 años y desde hace un tiempo padece insomnio. En una sesión relata un sueño en el que vaga por una casa extraña, irreconocible. Se asoma a la ventana y no hay nadie, solo un paraje inhóspito que le recuerda la escena de una película que vio el día anterior, una distopía en la que apenas unos pocos logra-

---

2. SoledadES (2024). *Barómetro de la soledad no deseada en España 2024*, Madrid. [Disponible en línea: https://www.soledades.es/estudios/barometro-soledad-no-deseada-espana-2024].

ban sobrevivir. Al explicar el sueño, la angustia la atenaza y no puede evitar llorar. Intenta reconstruir algún otro detalle, pero las imágenes se diluyen en su memoria.

Consulta porque, según dice, la invade «un sentimiento profundo de soledad». Aclara rápidamente que no está sola: tiene compañeros de trabajo divertidos y un grupo de amigos con quienes sale de vez en cuando. Sin embargo, la sensación persiste. Cuando llega a casa, esa soledad se transforma en angustia. A veces incluso siente que le falta el aire, que algo la oprime por dentro.

Creció sola tras la separación de sus padres, ocurrida poco antes de su nacimiento. Quedó al cuidado de una madre exigida por un trabajo absorbente y por la crianza. Rut siempre creyó —aunque entienda que es una idea absurda— que había sido la culpable de la ruptura. Por eso nunca se atrevió a quejarse de su soledad ni a pedirle más tiempo a su madre.

De su relato del sueño destaco la palabra «superviviente». Es el término con el que suele describirse. Sobrevivió a la separación de los padres, a los constantes cambios de domicilio por el trabajo materno, a un primer novio que la maltrató. «No puedo quitarme de encima la soledad», me cuenta. «Es como si ella y yo estuviésemos condenadas a ser una pareja».

La historia de Rut nos enseña que la soledad es una condición humana estructural, que tiene diferentes registros, máscaras que varían según la persona y la circunstancia. Hay *soledades*: el aislamiento social, el sentimiento subjetivo de estar solo, la dificultad de estar a solas, el deseo de estar solo... En sociedades más comunitarias y tribales, la soledad se vivía de otra manera. Hoy, en cambio, en esta «era del Yo», muchos se conciben como seres únicos y originales, sin raíces ni copias, y la soledad se convierte en el síntoma de un malestar más amplio.

Ella trabaja en una multinacional como consultora y, aunque mantiene una relación cordial con sus colegas, apenas se ven fuera de la oficina ni conocen detalles de sus respectivas vidas. Esto confirma que la camaradería está desapareciendo de los lugares de trabajo; hoy, «amigos del trabajo» es una categoría en recesión. Rut está sorprendida por el hecho de que, en su oficina, muchas reuniones entre los miembros de su equipo se hacen en remoto pese a que los participantes están presentes en el mismo edificio: cada uno se conecta desde su despacho o su mesa, protegidos por cascos con cancelación de ruido. De hecho, en lo que toca a la soledad laboral, hay poca diferencia entre quienes trabajan en la oficina a tiempo completo y quienes lo hacen de forma híbrida, con parte de la jornada en remoto.[3] Rut lo explica muy bien: «están tan conectados que cuesta hablar con ellos, tardé meses en descubrir que uno era vecino mío, dudaba si era español porque siempre nos conectamos en inglés».

A las formas tradicionales de pertenencia —familia, iglesia, asociaciones deportivas, culturales o políticas— se suman ahora las comunidades digitales. Construir una identidad exige algún tipo de pertenencia, física o virtual, y esta cada vez adopta formas más híbridas. Pero esas redes de compañía no sustituyen la tarea de aprender a estar a solas con uno mismo: esa experiencia íntima, necesaria para pensar, que nos permite conectar con los propios deseos y con aquello desconocido que habita en nosotros.

Lo digital pone de manifiesto que una conexión —como analizaremos en detalle a lo largo del libro— no es equivalente a un vínculo. Las conexiones son efímeras, muchas veces unila-

---

3. Rius, M. (2025). «Los "amigos del trabajo" están en recesión», en *La Vanguardia*, 22 de septiembre [Disponible en línea: https://www.lavanguardia.com/vivo/20250922/11052910/amigos-trabajo-recesion-bueno-empresas.html].

terales (como cuando navegamos por un servidor o hablamos con un chatbot); no requieren poner en juego nuestro cuerpo (basta con la imagen o la voz) y diluyen el compromiso. Un vínculo implica tiempo y la presencia del cuerpo: dos variables que configuran otro tipo de lazo más sólido y más interesante.

La virtualidad, no obstante, forma ya parte de nuestra realidad híbrida y ofrece también sus propias soluciones, a veces ocupando el lugar de aquellas lecturas apasionadas que teníamos en la adolescencia. No se trata de contraponerlas como si fueran incompatibles, sino de aprender a usarlas sin renunciar a la presencia y al vínculo con los otros.

Surgen entonces preguntas inevitables: ¿cómo explicar esta «epidemia de soledad» en plena era digital, caracterizada precisamente por sus conexiones múltiples y sin descanso? ¿Estamos realmente más solos que nunca o simplemente nos «sentimos» más solos? ¿La soledad depende de la presencia de otros o de la dificultad de cada uno para estar a solas consigo mismo? ¿Será que nuestra pasión narcisista nos vuelve cada vez más individualistas? ¿Es posible que los jóvenes, más hiperconectados que otros grupos de edad, experimenten también un aislamiento inédito? ¿Esas conexiones tienen la capacidad de generar vínculos o solo son capaces de ofrecernos lazos efímeros?

Como parte de mi práctica como psicoanalista, orientado por la enseñanza de Jacques Lacan, llevo más de cuarenta años escuchando las angustias y temores de pacientes jóvenes, adolescentes y adultos. En todo ese tiempo, he sido testigo de todo tipo de soledades. Algunas de esas historias se escuchan en este libro, que aborda la soledad desde una perspectiva psicológica, sin detenerse en los aspectos sociales ya explorados por la sociología en numerosos informes. Al final del libro, el lector encontrará algunas referencias literarias, que comento con el objetivo de mostrar la forma en que el arte colabora también en esa indagación de la soledad y es capaz de transformar la experiencia solitaria en creación.

Este libro habla de las soledades en la era digital, de las claves subjetivas presentes en historias diversas, cada una con su particularidad. Analiza cómo se vive la soledad, qué lugar ocupa lo digital en ella, qué soluciones ofrece y cuáles son sus límites. Quizás tú, lector o lectora, encuentres en ellas algún eco de tu propia experiencia. Y si es así, espero que su lectura te ayude a construir tu propia soledad.

1. ¿MÁS SOLOS QUE NUNCA?

> Si la era moderna tiene un sentido, es debido a ciertos franqueamientos, entre ellos el mito de la isla desierta.
>
> JACQUES LACAN, *De un Otro al otro*

Conocí a Giulia en plena pandemia. Tenía casi ochenta años y acababa de perder a su marido, que murió solo en la UCI. Como parte de mi trabajo en un dispositivo público de atención psicológica, me correspondió acompañar a varias mujeres en sus duelos. Hablábamos por teléfono cada semana y, en aquellas circunstancias, no era sencillo afrontar la muerte del compañero: solas, sin poder despedirse y con la fragilidad propia de la edad. Giulia, abrumada por la tristeza, guardaba sin embargo una historia de vida luminosa: tres hijas y varios nietos que siempre lograba reunir alrededor de la mesa.

Cocinera de profesión, tenía siempre un plato especial para cada encuentro familiar. El azar quiso que le llamara a la hora del mediodía y así fue como me confesó: «Cocinar me hace vivir». Nos aferramos a esa frase como a un hilo vital, y le propuse —aprovechando su gusto por la escritura— que empezara a anotar las recetas tan celebradas por los suyos. Le sugerí añadir, al final de cada una, una breve coda que evocara algún episodio de su vida ligado a ese plato. Ese gesto, que convirtió en un pequeño ritual, resultó ser su mejor ingrediente para elaborar el duelo: los recuerdos que escribía daban sentido a la ausencia y le permitían tejer, de nuevo, las piezas dispersas de su historia —la familia, los amigos, la juventud— alrededor de esa metáfora culinaria.

Giulia, como tantas otras personas, padeció la llamada soledad no deseada, un fenómeno social de tal magnitud que ya inspira estudios, planes de acción e incluso ministerios dedicados a combatirla.[1] Algunos de esos casos revelan su expresión más extrema, como el de Antonio Famoso, un jubilado hallado quince años después de su muerte en su piso de Valencia, sin que nadie hubiera reparado en su ausencia. La invisibilidad, al fin y al cabo, es una de las mayores obsesiones del solitario involuntario.[2]

Hasta ahora, la soledad afectaba fundamentalmente a los mayores y a las personas vulnerables. Pero, hoy, un tercio de los jóvenes españoles de 18 a 24 años dicen sentir soledad no deseada, apareciendo más en la transición entre etapas (fines de estudios, entrada al mercado laboral, rupturas sexoafectivas) como un momento de especial vulnerabilidad. Son ya el grupo más solitario en España[3] y, si tomamos, por ejemplo, las personas jóvenes que se autoidentifican con alguna de las siglas LGTBIQ+, casi la mitad de ellas se sienten solas.[4]

1. Adhanom Ghebreyesus, T., Mpemba, Ch., y Murthy, V. (2025). «Soledad y aislamiento: la amenaza oculta para la salud mundial que ya no podemos desoír», OMS. [Disponible en línea: https://www.who.int/es/news-room/commentaries/detail/loneliness-and-isolation-the-hidden-threat-to-global-health-we-can-no-longer-ignore].
2. Gómez Bárcena, J. (2024). *Mapa de soledades*, Seix Barral, Barcelona.
3. SoledadES (2024). *Barómetro de la soledad no deseada en España 2024*, op. cit.
4. Feixa, C. (coord.) (2025). *Informe Juventud en España 2024*, Injuve. [Disponible en línea: https://www.injuve.es/observatorio/demografia-e-informacion-general/informe-juventud-en-espana-2024-y-resumen-ejecutivo].

De entrada, estos datos ya nos plantean diversos interrogantes: ¿qué entendemos por soledad: un sentimiento o un hecho objetivo?, ¿la soledad implica, por ella misma, una patología?, ¿el aislamiento podría ser una estrategia para evitar la soledad?, ¿hay una relación de causalidad entre la hiperconexión y la soledad? Y, sobre todo, ¿por qué este tema parece más urgente en nuestra época que en generaciones anteriores?

El sociólogo Robert Putnam ya exploró este fenómeno en su conocido libro *Bowling Alone* (*Solo en la bolera*). Allí exponía que, desde la década de 1960, la vida comunitaria en Estados Unidos ha experimentado un declive constante: menos asociaciones, menos participación cívica, menos vínculos políticos. Dicho de otro modo, cada vez jugamos más a los bolos en solitario. En declaraciones posteriores al *New York Times* confirmó esta tendencia.[5]

Putnam distingue entre dos tipos de capital social: el capital vínculo —los lazos con quienes se parecen a nosotros en edad, religión o cultura— y el capital puente, que conecta a personas distintas entre sí —vecinos de otras culturas, hinchas de otro equipo, compañeros de distintas generaciones—. Cuando ambos se combinan, se refuerzan mutuamente. Pero cuando el capital vínculo se debilita, también lo hace el capital puente, abriendo la puerta a tensiones étnicas, religiosas y sociales.

Aunque su análisis recibió críticas por no considerar la irrupción de los vínculos digitales, la realidad es que sus advertencias sobre la polarización social se han confirmado con creces en el siglo XXI. Otro sociólogo, Eric Klinenberg, en sus investigaciones más recientes insiste en que la clave de las democracias no

5. García-Navarro, L. (2024). «Robert Putnam Knows Why You're Lonely», en *New York Times*, 13 de julio. [Disponible en línea: https://www.nytimes.com/2024/07/13/magazine/robert-putnam-interview.html].

está solo en compartir valores, sino en compartir espacios: bibliotecas, guarderías, parques o iglesias donde se generan conexiones fundamentales. Para Giulia, los encuentros semanales en el *casal d'avis* (centro para la tercera edad) eran imperdibles. Juegos de mesa, bailes, excursiones y conversaciones que generaban vínculos de apoyo. A esa red de lugares comunes, Klinenberg la llama infraestructura social, y muestra cómo su ausencia desemboca en aislamiento, soledad y polarización.

Décadas antes, el psicoanalista Jacques Lacan resumía la situación con una frase tan provocadora como certera: «Solo hay un síntoma social: cada individuo es realmente un proletario, es decir, no tiene ningún discurso con que hacer lazo social». Lacan señala así que el individuo moderno, creyéndose libre y amo de sí mismo, termina convertido en mercancía: un objeto más en el catálogo infinito del capitalismo (*gadgets*, tóxicos, comida...), cada vez más separado del lazo social y más vulnerable al desecho. Esa condición de «ser consumible», un resto a evacuar, explica en parte el sentimiento de vacío y soledad que encontramos tanto en consultas psicológicas como en relatos mediáticos.

De esta manera, Lacan anticipó los fenómenos de segregación que vemos hoy en las democracias actuales y que nos llevan a alimentar una verdadera «cultura del miedo», a la que nos referiremos con detalle más adelante. La segregación —separar y apartar al otro— se ha convertido en regla constitutiva de lo colectivo. Freud estudió en su momento los mecanismos que unían a las masas; hoy, las masas se manifiestan en tuits y publicaciones que, más que unir, delimitan burbujas de odio. La incertidumbre ante el futuro alimenta pasiones tristes como el resentimiento, amplificadas por lo digital.

Lo que algunos autores como Da Empoli han descrito como «ira más algoritmo» se convierte en terreno fértil para discursos de odio y polarización afectiva. De ahí que figuras políticas como Donald Trump no duden en resucitar símbolos belicistas —como al rebautizar el Departamento de Defensa con su antiguo nombre de Departamento de Guerra—, en un contexto donde la paranoia parece haberse convertido en la forma por excelencia del vínculo social. La alteridad, como signo distintivo del ser humano en su diversidad, queda anulada y el otro ya es solo un enemigo a destruir. El nosotros «se encuentra —a juicio del lingüista Jean-Claude Milner— fracturado», fragmentado en miles de burbujas de odio.

Esta deriva hacia el individualismo extremo inaugura la era de los *Unos solos,* como nos recuerda Jacques-Alain Miller: personas rodeadas de objetos y conexiones, pero sin vínculos sólidos. Un individualismo paradójicamente conectado: solos, pero con la ilusión de estar acompañados. Lacan lo describía como la ilusión narcisista de «ser uno», una pasión que puede transformarse en máscara de la soledad. Estamos ahí, en las redes, pero sin estar realmente presentes.

El discurso neoliberal encaja a la perfección con este yo autosuficiente y autodeterminado: soy lo que digo ser, soy responsable de mis lazos, soy mi propio proyecto. Fenómenos como el FOMO (*Fear of Missing Out*), que en el fondo revela un miedo a pasar desapercibido, ilustran esa ansiedad ante la posibilidad de quedar fuera, de no estar en el momento y lugar adecuados. Si para Giulia —que emigró a Cataluña en los años sesenta— el reto fue liberarse de la presión de algunos lazos comunitarios (familia, barrio, iglesia), hoy el desafío consiste en cómo sostener un vínculo el tiempo suficiente para que tenga sentido. No es extraño, pues, que sigamos soñando con perdernos en una isla desierta.

El mito de la isla desierta

Sonia es una mujer que ha sido despedida varias veces por negarse —en nombre de lo que llama «su autenticidad»— a seguir los protocolos laborales. Llega a la consulta describiéndose como una solitaria, incomprendida por sus jefes pese a ser la empleada con mejores cifras de venta. La echan, dice, porque no acepta las recomendaciones de su supervisor y prefiere fijar —«porque me parece más auténtico y más yo»— sus propios criterios de precios.

Es su tercer despido, y empieza a preguntarse si quizá «hay algo en mí que no conozco». Y sí: bajo esa sinceridad apabullante —como le comentó un compañero— y esa emocionalidad sin filtros, se esconde una voluntad de dominio que la enfrenta una y otra vez a los demás. «Debería irme a una isla desierta —afirma— para no tener que soportarlos... así tendrían que venir a pedirme que volviera».

¿Quién no se ha preguntado alguna vez qué libro, disco o película se llevaría a una isla desierta? La pregunta encierra ya una fantasía: la de estar solos, aislados del mundo y de los demás. Como escribió Gilles Deleuze, soñar con islas es siempre soñar con separarse: ya sea para perderse o para recomenzar desde cero. En ambos casos, la isla desierta encarna el deseo fantaseado —y también el límite— de escapar de nuestros propios demonios alejándonos de los otros. La paradoja es que, una vez en la isla, son los propios demonios los que nos visitan.

La literatura ha explorado esta fantasía de forma recurrente. El *Robinson Crusoe* de Daniel Defoe —inspirado en la experiencia de Pedro Serrano, capitán español que en 1526 sobrevivió ocho años en una pequeña isla— no encuentra a Eva como compañera, sino a Viernes, un esclavo obediente y hastiado de la antropofagia, símbolo de la unión entre capitalismo y protestantismo. Robinson no puede estar a solas consigo mismo ni tampoco prescindir de los otros. Llama la atención —la propia Virginia Woolf lo señaló— que en Robinson Crusoe apenas hay signos de la subjetividad del protagonista, que actúa sin cesar, pero es incapaz de expresar algún sentimiento propio. Vela la soledad con su puritanismo moral y sus fuertes creencias religiosas. Y, como en otros relatos de solitarios varones, esa ausencia de relación sexual se sustituye por sus proezas manuales, tratando de mostrar que esa soledad ausente de mujer es productiva.

Lacan retomó este mito para describir la condición del sujeto moderno: un náufrago que ya no puede contar con la providencia divina y debe arreglárselas solo. La ciencia reemplaza a la religión como organizadora de la vida, pero a su vez se subordina al capitalismo y la técnica. La independencia conquistada implica también un precio: más libres de ataduras, pero más siervos del consumo. Este pasaje de la comunión con Dios a la isla desierta como territorio propio del Yo, instala al sujeto, en palabras de J.-A. Miller, «en una soledad esencial respecto de toda institución y respecto de otro que habla».

El mito persiste hoy bajo otras formas. El sociólogo François Dubet habla de «desigualdades solitarias»: divisiones entre hombre y mujer, joven y mayor, autóctono y extranjero, que sustituyen al viejo concepto de clase social. Las identidades sociales tradicionales ya no ofrecen la misma protección, y los jóvenes —y también muchos adultos— tienden a identificarse menos colectivamente y más individualmente. Lo hacen a través de comunidades más pequeñas y aisladas donde adoptan identidades múltiples. Al individualizarse las desigualdades, cada individuo se pregunta lo que vale y en qué medida es responsable de las desigualdades que sufre.

En ese marco, el lema implícito se convierte en sálvese quien pueda. La distopía ya no es un hombre solo en una isla, sino ricos instalados en colonias marcianas o islas privadas mientras el resto queda a la deriva en la Tierra. Por eso, algunos politólogos apuntan que la elección ética está en elegir la nave tierra (nos salvamos todos o nadie) o el bote salvavidas (solo unos pocos).

Otra versión contemporánea del mito es la consagración de la autenticidad, como la describe Gilles Lipovetsky. La autenticidad sería esa esencia reconocible en cada uno a la que habría que guardar máxima fidelidad, tal como vimos que hace Sonia al reivindicar su derecho a ser «ella misma» y tomar decisiones al margen de su equipo de ventas. No en vano, lo auténtico bebe de la sacralización que hizo Rousseau de la sinceridad como un valor moral supremo cuando de lo que se trata, más bien, es de «salir de sí mismo en lugar de expresar el sí».

El reciente auge de la estética cristiana, presente en artistas como Rosalía y su álbum *LUX* o en la película de Alauda Ruiz de Azúa *Los domingos*, es también una invocación a un vivir más auténtico. Buscan construir vínculos más sólidos, como reacción al ruido ensordecedor y fatigante de las redes sociales y sus conexiones. Por supuesto, el capitalismo ha tardado poco en reciclar este anhelo en *merchandising*: «En la era del branding personal, el símbolo religioso ya no apunta hacia el cielo, sino hacia el yo. El crucifijo es accesorio; la santidad, pose. Y el altar ha sido sustituido por la cámara frontal. El mercado ha entendido que la fe también vende».[6]

---

6. Bravo, S. (2025). «"Christiancore": la moda de parecer santa a la que se ha sumado Rosalía», en *The Conversation*, 27 de octubre. [Disponible en línea: https://theconversation.com/christiancore-la-moda-de-parecer-santa-a-la-que-se-ha-sumado-rosalia-268156].

Y, sin embargo, frente a este individualismo —tan bien aprovechado como decimos por la industria para customizar nuestras demandas y aparentar que se hace cargo de nuestra singularidad con sus ofertas personalizadas— emergen movimientos colectivos que recuperan la dimensión comunitaria: desde #BlackLivesMatter hasta #FridaysForFuture o #SeAcabó. Un sector de jóvenes de la Generación Z (1997-2012) muestran que, pese al predominio de la cultura del yo, existe también un fuerte impulso hacia la colaboración y la justicia social, si bien el compromiso es más intermitente y volátil.[7] Recientemente, el movimiento GenZ 212, nombre que identifica a la nueva generación unido al prefijo telefónico internacional de Marruecos, y otras protestas en la llamada «primavera asiática» han puesto de relieve su inconformismo con el *statu quo*.

Un individualismo de masas

La deriva individualista no es un fenómeno reciente, sino un proceso histórico de larga duración. Sus raíces se remontan al Renacimiento, cuando los avances científicos y técnicos —el papel, la

---

7. En 2024 la pertenencia a asociaciones en España se sitúa 11 puntos por debajo de la registrada en 2009. Se da una importante caída entre 2009 y 2011, posiblemente por la coincidencia con los peores años de la crisis económica de la Gran Recesión, y a partir de 2011 y hasta 2019 se mantienen, aproximadamente, los mismos porcentajes. Es en 2021 cuando se produce una brusca caída del 50 % como consecuencia de la pandemia del Covid19. No ha sido hasta 2024 que se ha observado una cierta recuperación del asociacionismo, aunque muy lejos aún de los datos de 2009. Véase Novoa, J.A. (2025). «¿Cómo va lo de asociarse? Crisis de capital social», en *Nueva Tribuna*, 22 de enero. [Disponible en línea: https://www.nuevatribuna.es/articulo/actualidad/putnam-como-va-asociarse-crisis-capital-social/20250122184811234604.html].

pólvora, el telar de pedal y, sobre todo, la imprenta de Gutenberg y la teoría heliocéntrica de Copérnico— comenzaron a socavar el poder absoluto de la religión. Desde entonces, siglo tras siglo, se fue configurando el yo moderno hasta llegar al siglo XXI, donde la exaltación del individuo ha alcanzado un grado inédito.

La paradoja es que el individualismo posmoderno es un individualismo de masas. Cada persona busca «reinventarse», pero lo hace siguiendo patrones sorprendentemente similares. Construimos una marca personal que creemos única, pero al compararnos con los demás descubrimos con inquietud que nuestra supuesta originalidad se parece demasiado a la del vecino. Esa semejanza erosiona la identidad que pretendía sostenernos.

Félix es un adolescente gótico que, por imperativos familiares, ha tenido que mudarse de ciudad tres veces en muy poco tiempo. Me enseña con orgullo un par de cruces y algún tatuaje. Añade que «en el insti me controlo y nunca me maquillo para no liarla». Cuando comenzó a vestirse de esa manera, se sentía distinto de sus compañeros, y esa diferencia lo llenaba de satisfacción: le otorgaba un lugar de *friki* admirado. Al llegar a otra ciudad, conoció a otros jóvenes góticos y se integró en su grupo, pero antes de volver a mudarse sintió que su singularidad empezaba a diluirse entre aquellos que se le parecían tanto.

Fue en su ciudad actual donde comprendió con mayor claridad que la imagen que había cultivado desde el inicio de la adolescencia ya no le servía, porque dejó de «decir su verdad». Necesitó entonces darse un período de soledad autoimpuesta, un modo de rechazarse a sí mismo en esa uniformidad que lo estaba atrapando. Ahora, a las puertas de la mayoría de edad, busca su singularidad en la escritura poética, un territorio donde empieza a encontrar su propia voz gracias al amparo de las palabras.

Lo característico de este nuevo individualismo de masas es que los grandes ideales colectivos, que antaño (para bien y para mal) cohesionaban a las sociedades, han perdido fuerza. La experiencia histórica de los totalitarismos del siglo XX dejó una estela de desconfianza y descreimiento. Al mismo tiempo, la palabra pública se ha ido degradando frente al imperio de la técnica y la prevalencia de la imagen que, en su afán por borrar cualquier división subjetiva, nos desorienta por su exceso y no nos permite encontrar un saber hacer con las dificultades.

En ese vacío, los objetos de consumo ocupan el lugar del ideal: «soy lo que gozo» podría ser el lema de nuestra época. Y, aunque compartamos los mismos objetos con millones de seres, cada uno tiene un modo propio de satisfacerse. Sin embargo, esa búsqueda de satisfacción suele estar marcada por la repetición inconsciente: creemos elegir, pero en realidad reiteramos un mismo patrón que no comprendemos del todo.

¿Más solos que nunca? Tal vez no. Más bien podríamos decir: más desorientados e ignorantes que nunca de lo que constituye nuestra verdadera soledad. Esa soledad que no es la ausencia de compañía, sino la experiencia de que aquello que nos hace únicos y diversos nos resulta extraño y, por ello, lo rechazamos como si no fuera con nosotros. Al sacralizar el yo —como reivindica Sonia en su ilusión de que somos dueños absolutos de nuestra vida—, ignoramos los hilos invisibles que entretejen nuestras existencias. En los próximos capítulos exploraremos con mayor detalle esas condiciones y causas de una soledad desconocida para nosotros mismos.

2. VIDAS HIPERACTIVADAS, SUJETOS HIPERCONECTADOS

La tecnología es un siervo útil, pero un amo peligroso.

CHRISTIAN LOUS LANGE,
Premio Nobel de la Paz (1921)

Roberto desliza con agilidad el dedo por la pantalla y me muestra un sinfín de imágenes en las que aparece él —y a veces sus amigos— en posiciones inverosímiles. En algunas está subido a la grúa de una obra; en otras, salta con sus colegas desde el trampolín de una piscina olímpica en horario nocturno; y en varias se le ve fumando porros en un parque. No cuesta advertir, mientras pasa las fotos con una satisfacción apenas disimulada, que ese exhibirse tiene también la función de construir una perspectiva desde la cual mirarse, una imagen de sí que le permita presentarse como alguien atractivo ante los demás. Esa perspectiva que buscan los adolescentes atenúa el sentimiento de extrañeza que los acosa y, al mismo tiempo, les ayuda a generar lazos sociales.

Llegó a mi consulta hace unos meses con un diagnóstico de TDAH que, según su madre, estaba derivando peligrosamente hacia un Trastorno de Conducta. La desatención e impulsividad iniciales habían dado paso a un desafío abierto y constante hacia los adultos, tanto en casa como en la escuela. Además, ya había tenido una primera detención policial por posesión de drogas.

Su madre —con quien vive tras una separación conyugal tormentosa ocurrida años atrás— lo describe como un chico cariñoso, pero cada vez más rebelde y con una necesidad creciente, dice, de excitarse con cualquier tipo de estímulo. «Nunca para, lo quiere todo ya y lo exprime hasta el final». Él, en cambio, me relata cómo su vida oscila entre esos momentos casi maníacos y los instantes previos al sueño, cuando no le queda otra que fumarse uno o dos porros para calmar la angustia que lo invade antes de dormir. Apenas sabe nada de su padre y, aunque quiere sacarse la ESO como le pide su madre, no logra encontrar la calma necesaria.

La sobreexcitación de Roberto, como también sus estados de angustia, tiene sus causas singulares; pero no es ajena a la sociedad del rendimiento en la que crece, donde la maximización del goce y la minimización de las pérdidas funcionan como un GPS básico: producir, consumir y disfrutar sin límites.

El caso de Roberto ilustra con precisión cómo la cultura contemporánea se articula alrededor de la aceleración y el exceso. Muestra también cómo esta prisa que lo atraviesa todo ha transformado nuestras vidas y ha contribuido al aumento del sentimiento de soledad. No hablamos solo de una vivencia individual, sino de un fenómeno social en expansión. Para comprenderlo, resulta revelador atender a tres transformaciones que caracterizan nuestra época: lo híper, lo trans y lo virtual.

Híper: del frenesí al vértigo

La aceleración, dice Hartmut Rosa, se plantea como el resorte del crecimiento desenfrenado, motor principal de las sociedades capitalistas pulsionales. Lo híper se estabiliza creciendo e innovando en un exceso constante. El problema es que este crecimiento infinito deviene imposible y eso se traduce en el pesimismo del que corre solamente para no caerse en el abismo.

El consumo, la inmediatez y la búsqueda constante de experiencias intensas generan un movimiento que oscila entre el frenesí y el vértigo, dos emociones que definen bien la época en la que vivimos. La atracción del consumo se basa en su capacidad de ofrecer sensaciones indefinidamente renovadas. Como recordaba Zygmunt Bauman: «La vida del consumidor es una secuencia interminable de nuevos comienzos». En el frenesí predominan la euforia y la actividad constante. Es el empuje al *siempre más*, porque la satisfacción anterior caduca enseguida. El vértigo es la angustia por no cumplir con las expectativas o no alcanzar los objetivos.

El exceso, producido por lo híper, se ha consolidado como norma social. El psicoanalista italiano Domenico Cosenza propone el término «clínica del exceso» para referirse a las patologías contemporáneas caracterizadas por un quantum desregulado: trastornos de la alimentación, adicciones, compras compulsivas. Sin embargo, el exceso no se limita a lo patológico: también aparece en aspectos de la vida cotidiana como la crianza.

Niños que piensan en el futuro

Fermín, un niño de ocho años que viene a verme, se muestra ansioso, con dificultades para conciliar el sueño y, en ocasiones, provoca el enfado de su profesora por interrumpir sus explicaciones sin levantar la mano. Él lo justifica porque «necesito saberlo todo y bien». Un día me pregunta, nada más sentarse, si yo pienso en el futuro. La pregunta me sorprende por su franqueza, y le respondo que «a veces». De inmediato comprendo de dónde surge: sus padres, bienintencionados, no dejan de recordarle que cada actividad que realiza —estudios, deporte, idiomas, robótica— será crucial para su futuro. Por eso, le insisten, debe esforzarse y alcanzar la excelencia.

Su caso muestra cómo hoy ya no se trata solo de proyectar en los hijos ideales de superación —un deseo razonable de cualquier madre o padre que quiere lo mejor para ellos—, sino de exigirles un rendimiento precoz, un goce constante y una hiperactividad que replica la nuestra. Esta lógica híper y acelerada se opone frontalmente a la lógica propia de la infancia y la adolescencia: tiempo para explorar, curiosear, aburrirse y, ¿por qué no?, fracasar.

Muchos padres, como los de Fermín, al buscar sinceramente el bienestar de sus hijos, los imaginan emprendedores, conectados, hiperestimulados, hipersexualizados (como en el fenómeno de las *Sephora Kids*), arriesgados y, al mismo tiempo, estrictamente pautados. Cuando los hijos alcanzan sus metas, sienten una satisfacción genuina. Pero aspirar al ideal del «déficit cero» es un espejismo: todo proceso de crianza implica avances y retrocesos, impulsos y detenciones. Negar esos momentos de duda y dificultad impide justamente aprender de esos «fracasos» lógicos y necesarios. Y, si nos obsesionamos con el rendimiento, corremos el riesgo de ejercer sobre niños y jóvenes un control permanente a través de diagnósticos y etiquetas —TDAH, TEA, dislexia...— que pueden resultar iatrogénicos, más perjudiciales que beneficiosos.

Tradicionalmente ambivalentes por su potencia creativa y sus riesgos, los adolescentes se enfrentan hoy a un contexto de sobreexigencia que amplifica esas tensiones. Hay, sin duda, un exceso, como muestra la exitosa serie *Adolescencia*, dirigida por Philip Barantini, en la que asistimos al drama de un joven de 13 años, perteneciente a una familia «normal», que asesina a una compañera de colegio a cuchilladas. La serie retrata a unos padres desbordados por una tragedia que no comprenden ni han podido evitar.

La adolescencia siempre ha ejercido ese doble efecto de fascinación y horror que nos desorienta en la crianza. Nos fascina porque encarna el sueño de la eterna juventud, la potencia todavía en ciernes, casi virgen, rebosante de ideales aún posibles. Pero, al mismo tiempo, encarna el horror de lo indomable: la pulsión despertada que no reconoce límites, el frenesí que puede conducirlos a lo peor, al abismo melancólico de las autolesiones y las ideas oscuras. Para muchos, todo esto resuena como un *déjà vu*. Y duele, porque plantea preguntas —a ellos y a nosotros— para las que ningún algoritmo tiene respuesta. Nos coloca ante el espejo de nuestras propias fragilidades: la desorientación de padres, maestros y policías en la serie no podría ser más elocuente. Y nos sume en la impotencia.

Junto a toda esa euforia adolescente, surge su reverso en forma de decaimiento. El frenesí se vuelve vértigo —y tentación de caída— cuando emerge el miedo a no estar a la altura en los estudios, en el trabajo, en las relaciones sociales o en la sexualidad. Los datos sobre fracaso escolar, adicciones, sentimientos de inutilidad, autolesiones, suicidios, cuadros depresivos, trastornos de la conducta alimentaria (TCA), TEA o *burnout* dan cuenta del reverso de esa euforia.[1]

---

1. Fundación Axa (2024). *Estudio internacional de salud mental Axa España*. [Disponible en línea: https://consaludmental.org/centro-documentacion/estudio-internacional-salud-mental-axa/].

Por eso, antes de juzgar a niños y adolescentes conviene pensar en los imperativos a los que están sometidos, imperativos que los adultos —y, en particular, la industria— alimentamos. Los adolescentes actúan como un espejo de la época y de los ideales y goces que promovemos. Y es un hecho: nunca como en estas primeras décadas del siglo XXI los jóvenes habían subjetivado tanto el futuro, nunca lo habían tenido tan presente, tan exigente, tan cargado de derechos que reclaman. Todo ello está vinculado, como analizamos en libros anteriores, al ideal de rendimiento precoz que les proponemos como escenario tanto del presente como del porvenir. Queremos así eludir cualquier signo de pérdida o de angustia, como si eso nos convirtiese en seres fracasados.

El fracaso, hoy, es un síntoma de ese discurso neoliberal que aspira a un funcionamiento sin déficit, guiado por el exceso como motor motivacional. Fracasar señala lo que no marcha en la máquina perfecta en la que deberíamos convertirnos. El personaje de Jason Bourne es un ejemplo elocuente de cómo esa lógica puede llegar a conquistar y a anular a un individuo: entrenado para la perfección, cualquier desviación lo margina y lo condena a la soledad más extrema. Perseguido y acosado, queda fuera de sí mismo y desterrado del Otro.

Actualmente la soledad es más visible que nunca, porque funciona como una mancha, un contraste: el solitario inquieta y se vuelve sospechoso de patología, pues desentona en la era de las multitudes. Si antes podía asociarse a la figura del creador o del ermitaño, hoy se interpreta como un signo de disfunción. La gran ciudad y los espacios virtuales se convierten así en lugares donde el sujeto solitario y vulnerable —tan bien representado en la obra del pintor Edward Hopper— intenta ocultarse de una mirada social que no cesa. La paradoja, que analizaremos después, es que ese ocultamiento cohabita bien con un intenso voyeurismo, como el que muestra el protagonista de la película de Hitchcock *La ventana indiscreta*, film que interpreta bien la doble intención de los cuadros de Hopper: solos que se ofrecen abiertamente a las miradas indiscretas.

Lo Trans y las masculinidades

Dafnis y Cloe, obra de Longo de Lesbos, cuenta la historia de dos niños abandonados en un bosque y encontrados por dos matrimonios de pastores. Los expósitos crecen juntos y desarrollan un fuerte vínculo de amistad, compartiendo las labores de pastoreo que sus familias adoptivas les asignan. Llegada la pubertad, se descubren ignorantes respecto a la sexualidad, incapaces de encontrar la fórmula para seguir jugando con sus cuerpos, ahora ya púberes. Es entonces cuando aparece Licenion, un personaje clave en la novela. Se trata de una joven que, a pesar de la inocencia de los protagonistas, enseña a Dafnis las artes del amor mediante el engaño y la seducción, sirviendo como una figura iniciadora en su relación con Cloe. La intervención de un adulto se hace necesaria, pues, para orientarlos.

Esta fábula pone de relieve que el saber sobre el sexo nunca es completo y que esa falta abre un espacio para la palabra y el vínculo social. Lacan lo formuló con su conocida tesis «No hay relación sexual». Este aforismo no niega lo obvio: la gente ha tenido, tiene y siempre tendrá encuentros sexuales (por cierto, estos cada vez pierden más protagonismo en beneficio del sexo *online*). Lo que quiere decir Lacan es que esos encuentros, más allá del placer que produzcan, son siempre fallidos porque siempre falta algo, siempre hay un desencaje: pequeñas insatisfacciones, carencias o llanas incompatibilidades entre las dos (o más) partes, que siempre imaginan que el sexo será más gratificante de lo que termina siendo. Y ello no por una falta de habilidades de los amantes, sino porque la relación sexual, entendida como una fórmula establecida de manera universal, como si fuera posible la armonía sexual, no existe más que como mito. Y es precisamente porque no hay esa *Relación* (en mayúsculas) ideal, que tenemos la posibilidad de hablar, escribir, tener sexo... y amar, como «solución» a esa inexistencia. Cada sujeto debe elaborar su propia respuesta, lo que no elimina la soledad inherente al proceso. Estamos, en cierto modo, solos —aunque podemos pedir ayuda como en la fábula— para orientarnos en la sexualidad.

La realidad —como el cine no deja de recordarnos— es que lo habitual en las parejas es el malentendido, propio de la comedia sexual. *Con faldas y a lo loco*, película de 1959 dirigida y producida por Billy Wilder y protagonizada por Marilyn Monroe, Tony Curtis y Jack Lemmon, gira en torno a dos músicos que se disfrazan de mujer con el fin de escapar de la mafia. Cuando por fin lo consiguen, se descubre el malentendido: ella era chico, a lo que el otro responde aceptando con entereza la inexistencia de esa *relación* sexual: «Bueno, nadie es perfecto».

Las maneras que cada sociedad tiene para hacerse cargo de esa no relación sexual son variables. Hoy, podemos identificar una segunda transformación social que se vincula con las identidades sexuales y de género. El modelo binario resulta ya insuficiente para describir las experiencias actuales, sobre todo entre los jóvenes. Lo trans, entendido como tránsito más que como identidad estable, se ha normalizado. Más allá de los casos de transexualidad, el fenómeno es más amplio y no supone, de entrada, ninguna patología. Muchos pacientes comentan sus dudas sobre su identidad de género, así como sus vacilaciones respecto a su orientación sexual. Preguntas de jóvenes como esta son habituales en la consulta: «¿soy gay, lesbiana, heterosexual o bisexual puesto que me acuesto indistintamente con ellos y ellas?». En España, por ejemplo, el porcentaje de personas que se identifican como bisexuales en 2025 alcanza el 5,9 % y entre los jóvenes uno de cada cuatro se identifica como bisexual, cifra que asciende a casi el 40 % en el caso de las mujeres. [2]

Es una nueva realidad en la que los adolescentes transitan de una creencia a otra sobre su identidad de género y explorando diversas orientaciones sexuales antes de concluir en una identificación más sólida. A veces, incluso, esa fluidez se mantiene durante la vida adulta.

También para los adultos, la *customización* de la identidad de género es una forma muy actual de subjetivar la sexualidad, asunto sobre el que sabemos que no hay ninguna fórmula dada de antemano y cualquiera que elijamos será siempre provisional. Eso nos ayuda también a pensar en la importancia de no llegar a conclusiones apresuradas sobre este tema. Lo Trans (trans-ito), al fin y al cabo, es una modalidad del estar y un tiempo para comprender ese «No hay relación sexual» al que se refería Lacan.

Julio, varón de 45 años, necesita ayuda —como los púberes Dafnis y Cloe— para encarar su relación y la encuentra en su pareja, quien le aconseja que venga a la consulta. Ella lo apoya, pero empieza a estar cansada de ser siempre quien toma la iniciativa. Llevan tres años juntos y él apenas tiene más vida social que la que ella le facilita. Me confiesa que ha sido «tímido desde siem-

---

2. CIS 2025. «Relaciones sexuales y de pareja». [Disponible en línea: https://www. cis.es/es/estudios/relaciones-sexuales-y-de-pareja?cuestionario=17947&muestra= 26191&pregunta=653201&variable=1071766&chartType=bar].

pre» y que por eso eligió la investigación como profesión: le permitía estar solo y mantener una rutina que transcurre entre la casa y el laboratorio. Su pareja se ocupa de todo: la logística familiar, los viajes, las citas con los amigos.

A Julio le molesta cuando los amigos bromean comparando su relación con una dinámica maternofilial. Reconoce, con un disgusto apenas disimulado, que algunos parecidos existen, entre ellos el hecho de que su madre y su pareja comparten nombre. Añade que su relación anterior —con una colega investigadora— no funcionó porque «ella esperaba demasiado de mí y yo no me veía tan dispuesto».

Julio orientó su elección de pareja a partir de lo que él mismo denomina, con su tono de investigador, «la fórmula tradicional». A día de hoy estas soluciones heredadas del patriarcado han sido rebautizadas —como ocurre con el *mankeeping*—, pero conservan su lógica antigua: la mujer actúa como muleta del hombre, que se percibe a sí mismo como algo insuficiente y debilitado en sus diversos proyectos.[3] Ella gobierna la casa y la logística familiar, y ofrece la protección emocional que él necesita para no quedar expuesto. Sin esa estructura, Julio está convencido de que sería un solitario empedernido.

Angelica Puzio Ferrara, investigadora de la Universidad de Stanford, acuñó el término *mankeeping* tras investigar por qué algunos hombres tienen dificultades para establecer vínculos cercanos.[4] Su conclusión es que los varones cada vez tienen menos

3. Pearson, C. (2025). «Qué es el "mankeeping" y por qué tiene cansadas a las mujeres», en *New York Times*, 28 de julio. [Disponible en línea: https://www.nytimes.com/es/2025/07/28/espanol/que-es-el-mankeeping-trabajo-emocional.html].

4. Ferrara, A. P. y Vergara, D. P. (2024). «Theorizing mankeeping: The male friendship recession and women's associated labor as a structural component of gender inequality», en *Psychology of Men & Masculinities*, 25 (4), págs. 391-401. [Disponible en línea:

amigos íntimos a los que recurrir cuando se enfrentan a un problema personal. Similarmente, en la película *Con una pistola en cada mano*, de Cesc Gay, asistimos a una escena construida a partir del mismo síntoma que detectó Ferrara. En ella, dos amigos íntimos, interpretados por Alberto San Juan y Jordi Mollà, sostienen una conversación embrollada y superficial, banal, llena de lugares comunes. El espectador entiende que, pese a ser muy cercanos, esos amigos apenas conocen la intimidad del otro, y en cambio sus mujeres lo saben casi todo de ellos. Esta diferencia entre ellas y ellos es un rasgo diferencial (con todas las excepciones posibles) en el cómo abordar el misterio de la sexualidad y sus avatares (identidad, orientación). Mientras ellas confían en el poder de la palabra —con los malentendidos que esta siempre genera—, ellos explican sus «hazañas» (trabajo, coche, deporte), como vimos en el personaje de Robinson Crusoe, orgulloso de sus proezas e ignorante de sus afectos. Se trata del mismo abismo que separa a Julio del mundo social, y que lo lleva a soñar también con ser un náufrago en su isla desierta.

Solos en la machosfera

Tom Lindbeck, el *incel* asesino de la novela *Los que odian a las mujeres*, del sueco Pascal Engman, se imagina como un perdedor, «uno de los hombres blancos que servían para nada y que cada día eran humillados y ridiculizados por mujeres». Raro, hijo de madre soltera —que no le ahorró escenas de prostitu-

https://www.researchgate.net/publication/385006823_Theorizing_Mankeeping_The_ Male_Friendship_Recession_and_Women's_Associated_Labor_as_a_Structural_ Component_of_Gender_Inequality].

ción— y víctima de un bullying cruel y persistente, rechaza la idea, que atribuye a las feministas, de ser un privilegiado. Con un trabajo de carcelero y apenas amigos, se dedica a espiar y acosar a mujeres convencido de que todas ellas lo rechazan: «en una de las mesas había tres chicas jóvenes sentadas. Mujeres normales, ninguna belleza. Tom las miró con expectación, una de ellas le lanzó una mirada asqueada, se inclinó hacia sus amigas y susurró algo. Muecas, risitas. Tom sintió una punzada en el estómago y pensó que ya no sabía si era de rabia o de calentura. Le costaba señalar la diferencia».

Sus esfuerzos denodados por muscularse no borran esas muecas de desprecio que intuye en todas ellas: «estaba amputado por siempre del cuerpo de la sociedad». Entre las soluciones que imagina para salir de ese destierro social está, por un lado, matarlas, terminar con quienes lo destierran —«No quería odiar a las mujeres. Pero no podía evitarlo»— como hicieron sus ídolos *incels* míticos E. Rodger y A. Minassian, y, por otro, acabar con el desterrado, suicidarse.

Esta ficción nos muestra otra fórmula, más reciente y vinculada a la soledad masculina: la «machosfera». Habitada por los *incels* (célibes involuntarios), los movimientos «Hombres Que Siguen Su propio Camino» (MGTOW por sus siglas en inglés), los llamados activistas por los derechos de los hombres o los seguidores del arte de la seducción, se calcula que el 70 % de los jóvenes han indagado o han estado expuestos a sus propuestas. Sus partidarios incluyen también defensores de la violación, ermitaños vulnerables, misóginos violentos, acosadores tanto del mundo virtual como del real, maltratadores.

Tienen procedencias diversas: clases sociales desfavorecidas (obreros cabreados), pero también graduados universitarios molestos porque alguna mujer cuestione sus privilegios varoniles.

Si bien la inmensa mayoría de sus miembros son varones, también existe un grupo de mujeres que se involucra en la machosfera de España, agrupadas bajo el hashtag *#TeamAlienadas*, y que defiende y fomenta una ideología antifeminista. Estas mujeres respaldan las demandas de victimización de los hombres respecto al feminismo.

Aunque estas comunidades virtuales presentan sus diferencias, a todas las reúne una misoginia que las lleva a describir el mundo como andrófobo (ginocracia) y a convertir su lucha en causa común. Ellos se inician tomando la «píldora roja» —en referencia a la película *Matrix*—,[5] momento que describe la caída de la venda de los ojos que les impedía darse cuenta de cómo las mujeres llevaban toda la vida mintiéndoles. De ahí pasan a la «píldora negra», cuando su visión del mundo se oscurece y el odio se solidifica. Estos movimientos de odio han encontrado en la tecnología un fortalecimiento: captan más adeptos, se radicalizan y exponen viralmente sus propuestas. A través de sus múltiples posibilidades de interactuar socialmente, la machosfera facilita la creación de vínculos emocionales y sociales entre hombres que comparten experiencias similares, fortaleciendo así la cohesión grupal y la homosociabilidad masculina. Por eso, algunas autoras no dudan en hablar de ellas como «cámaras de eco afectivas».[6]

---

5. Neo, el protagonista de Matrix, debe elegir entre tomar la píldora azul, que le permitirá seguir viendo el mundo que lo rodea de la misma forma en que siempre lo ha visto, o la píldora roja, que cambiará súbitamente su perspectiva y le permitirá ver la «matriz» y darse cuenta que nada de su mundo es como pensaba que era.

6. Eslen-Ziya, H., McGarry, A., Jenzen, O., Erhart, I., y Korkut, U. (2019). «From anger to solidarity: The emotional echo-chamber of Gezi park protests», en *Emotion, Space and Society*, nº 33. [Disponible en línea: https://www.sciencedirect.com/science/article/abs/pii/S175545861830241X].

Los *incels* se agrupan en comunidades virtuales de hombres que dicen ser incapaces de tener relaciones románticas y/o relaciones sexuales con mujeres, como sería su deseo. En muchos casos, no llegan nunca a relacionarse con las mujeres con las que se obsesionan, e incluso muchas de las víctimas de agresiones que han logrado sobrevivir reconocen que no conocían al victimario.

Estos espacios suelen caracterizarse por el resentimiento, la misoginia y, en algunos casos, la apología de la violencia también contra los hombres que se suponen sexualmente activos. Estudios recientes en Estados Unidos constatan que los hombres están más solteros que las mujeres, una tendencia que va en aumento.[7] Su expansión guarda relación con el aumento del aislamiento masculino —cada vez más hombres se quedan atrás con respecto a las mujeres en lo relacionado con la educación y pasan apuros en el mercado laboral— y el consumo de pornografía como sustituto de la experiencia sexual.[8]

Es significativo ver cómo los hombres que frecuentan estos grupos se comunican con rabia, odio y nihilismo, donde la desesperación íntima se convierte en narrativa colectiva. Uno de sus temas recurrentes es el suicidio, y no faltan preguntas en los foros sobre cómo hacerlo de la mejor manera. Su narrativa vital es una narrativa de sujetos «sin futuro». Según un estudio reciente, un 67,5 % de los *incels* presenta niveles clínicos de depresión y un 74,1 % sufre ansiedad intensa. La mayoría describe una sen-

---

7. Visé, D. (2023). «Most Young men are single. Most Young women are not», en *The Hill*, 22 de febrero. [Disponible en línea: https://thehill.com/blogs/blog-briefing-room/3868557-most-young-men-are-single-most-young-women-are-not/].
8. Copland, S. (2017) «Las razones por las que cada vez tenemos menos sexo», en *BBC News*, 15 mayo. [Disponible en línea: https://www.bbc.com/mundo/vert-fut-39900429].

sación de aislamiento extremo, autoestima dañada y dificultades sociales persistentes.[9]

Esta rabia tiene dos fuentes. Por una parte, una pérdida real: una familia norteamericana con dos hijos ingresaba en el año 1971 unos 56.000 $ de media trabajando solo el padre. Cuarenta años más tarde, esa misma familia —trabajando ambos cónyuges— ingresaba 50.000 $. Michael Kimmel —autor de *Hombres blancos cabreados*— asocia esta pérdida a la asunción de un ideal de masculinidad muy ligado al mito del hombre que se construye a sí mismo (*Self-Made Man*) y que solo tiene la opción de convertirse en un ganador (*winner*) guiado por el sueño americano. Como canta Bruce Springsteen en su mítica «The River» a propósito de estos hombres: «¿Es un sueño una mentira si no se hace realidad? ¿O es algo mucho peor?». El reverso del *winner* es el *loser*, aquel que, cuando parecía tenerlo todo, cae al abismo.

El otro origen de la rabia es más subjetivo: la pérdida de un derecho que tienen claro que les correspondía como hombres, lo que muchos consideran una legitimidad agraviada. El hecho de que las mujeres puedan decidir libremente sobre su cuerpo y su sexualidad —y por tanto excluir a algunos varones— es algo insoportable y propio de gobiernos «feminizados» y «ginocéntricos», que cuentan con la complicidad de los *normies* (varones que les siguen el juego a las mujeres).

Cuando ese sueño deviene pesadilla, hay que culpar al «otro»: mujeres, inmigrantes, minorías. A un otro que no es responsable, pero que está por debajo en una supuesta escala social y cuyo po-

---

9. Rodríguez, R., Maldonado, M. y Moyano, M. (2025). «Deciphering the incels: A scoping review on empirical research», en *Aggression and Violent Behavior* Vol. 85, noviembre-diciembre. [Disponible en línea: https://www.sciencedirect.com/science/article/pii/S135917892500062X].

der es muy limitado. Los sentimientos de superioridad masculina y victimismo conviven mientras los verdaderos responsables de su precariedad —las élites financieras— quedan exentos e, incluso, son los que alimentan el fuego de esa rabia en su propio beneficio.

Influencers y fachatubers

Los *influencers* son también un factor clave en esta falsa solución a la soledad. Tres de cada cuatro jóvenes españoles menores siguen hoy a algún *influencer*. El propio Trump no dudó en salir en su última campaña electoral acompañado con *influencers* del tipo *gymbros* y *cryptobros*, que tienen una audiencia masculina cercana al 70 % de los jóvenes de la Generación Z.

En España tenemos a los *fachatubers*, grupo de *streamers* cuyo público base son también jóvenes de esa misma generación. Próximos a la extrema derecha, más de 30 de ellos superan los 100.000 seguidores en Twitch y YouTube.[10] Se trata de machos como Un Tio Blanco Hetero (*sic*), que en YouTube cuenta con miles de seguidores jóvenes y promueve el discurso del *hombre cabreado*, ese que, según Kimmel, ha perdido «su propia percepción en cuanto "hombre"». Otros *influencers* conocidos son Amadeo Llados o Hugo Monteagudo, apologistas de lo que denominan «Los hombres de alto valor», aquellos con ideas claras, que guían a sus parejas, las proveen para que otros cazadores no les roben la pieza, las protegen y les transmiten seguri-

---

10. Moreno, I. (2023). «Más de 30 *"fachatubers"* sobrepasan los 100 mil suscriptores en Youtube». Vídeo en X. [Disponible en línea: https://x.com/IagoMoreno_es/status/1679454820082540544].

dad. Son los preferidos de «Las mujeres de alto valor», las exclusivas y femeninas, que se dejan ayudar y cuidar, ansiosas de ser conquistadas y perseguidas, como la joven *influencer* Martina Erregue.

La escritora británica Caitlin Moran lo tiene claro: «el 50 % de los problemas de las mujeres están causados por los hombres. No podemos arreglar a las mujeres hasta que no arreglemos a los hombres; por eso pensé que era el momento de hablar sobre ellos».[11] Propone dar herramientas a los adolescentes varones, tal como recoge en su último libro, *¿Y los hombres qué?*: «Nosotras tenemos esa perspectiva y sabemos que el poder femenino es muy reciente, pero un adolescente, no. El año cero es el año en que naces, y si eres un chico de quince años, no sabes nada de la historia: desconoces que las mujeres han sido violadas y esclavizadas y que no tenían voto. Tienes otros problemas. Piensas: «No soy suficientemente musculoso». «Necesito ser rico». El mundo está en llamas y a las chicas se les sigue diciendo que pueden hacer cualquier cosa. ¡Pero nadie está diciendo eso a los chicos!». Es un hecho que hay menos narrativas interesantes sobre las masculinidades que narrativas feministas, más diversas y vitalistas.

Frente a estas fórmulas fallidas de abordar la soledad, encontramos las llamadas «masculinidades igualitarias». Estas son una manera de entender qué es ser hombre «desde una mirada más sana e igualitaria tanto para relacionarse con los demás como con

11. Millet, E. (2025). «Caitlin Moran y los hombres», en *La Vanguardia*, 6 de septiembre. [Disponible en línea: https://www.lavanguardia.com/magazine/lifestyle/20250906/11025762/caitlin-moran-hombres-causan-50-problemas-mujeres-hay-arreglarlo.html].

uno mismo».[12] Proponen replantear la idea tradicional de masculinidad para desaprender los roles de género que tanto hombres como mujeres van adquiriendo desde la infancia. «La nuestra —dice el experto Ritxar Bacete— es una apuesta decidida por superar los mandatos y estructuras de poder de la masculinidad hegemónica tradicional, sustituyéndola por un sistema de referentes mucho más diverso, que se situaría como modelo fundamental de la "nueva masculinidad hegemónica" en base a aquellas expresiones de "ser hombre" —que hasta el momento eran disidentes— cuidadoras, pacíficas...». Bacete no es ingenuo sobre las contradicciones internas de estos nuevos hombres buenos a los que califica como «hombres "imperfectos", inacabados, en tránsito».

Tras el análisis de lo híper y lo trans, surge un tercer ámbito: lo virtual. Este promete compañía y conexión permanente, pero también genera nuevas formas de aislamiento. Plantea la paradoja de que a más conexión con objeto y sus pantallas, mayor desconexión del vínculo con los otros. Antes de abordar las modalidades de soledad y las «soluciones» que emergen en este territorio, vamos a analizar los diferentes registros en los que la soledad se nos hace presente.

---

12. FAD, 2023 *¿Qué son las masculinidades igualitarias?* [Disponible en línea: https://fad.es/planetajoven/que-son-las-nuevas-masculinidades/].

3. Las paradojas de la soledad

Tal y como yo lo veo, dije que sí a una cosa
y que no a otra, y acabé viviendo sola.
Nunca llegué a entender
que la respuesta es ya en sí elegir.

Vivian Gornick, *Vivir sola*

Hasta ahora hemos explorado la soledad en relación con la presencia o ausencia de los otros, ya sea como un hecho objetivo (aislamiento social) o como una vivencia subjetiva. Y por ello, muchos estudios tienden a considerarla un problema patológico, porque la miden en función de la sociabilidad. Ese es, sin duda, un registro de la soledad, pero no es el único y, además, las soledades —no podemos ya hablar en singular— ofrecen muchas paradojas que analizaremos a continuación.

El psicoanalista Jacques-Alain Miller —refiriéndose a la cita de la isla desierta de Lacan— decía que esta «representa al conjunto vacío e instala al sujeto en una soledad esencial en relación a toda institución y en relación al otro que habla». Dicho de otro modo: la soledad es parte constitutiva de nuestra condición humana, sin que ello deba interpretarse como un signo patológico.

Nadie está solo

Mirta, una paciente de 65 años recién llegada a nuestro país, evoca un recuerdo de infancia situado cuando tenía ocho, durante una celebración familiar. Su madre estaba borracha y, tras una fuerte discusión con una cuñada, terminó siendo expulsada de la fiesta. Mirta quedó consternada por la violencia de la escena, pero sobre todo por el desamparo ante esa madre ebria que, al marcharse, la dejó olvidada y sola durante unos minutos. Meses después, los padres protagonizan otra pelea y la madre desaparece de casa por un tiempo. De nuevo, ella se siente abandonada, y su padre apenas le presta atención.

En este episodio se advierte la doble vertiente de la soledad: por un lado, el peso de la presencia excesiva del goce alcohólico de la madre —imposible de metabolizar para una niña— y, por el otro, una ausencia abrupta e incomprensible. Ante este acontecimiento traumático, Mirta queda sola y sin palabras.

Su historia muestra cómo esa soledad íntima no está exenta de paradojas, porque, en rigor, nadie está completamente solo. Siempre estamos acompañados por algún compañero—familia, pareja, iguales, incluso una mascota—; por algún objeto —un *gadget*, una sustancia—; por el pensamiento —rumiaciones, ficciones—; y, por supuesto, por el propio cuerpo, que en la adolescencia puede convertirse en una alteridad inquietante. Un ejemplo de esto último aparece en la búsqueda obsesiva de ciertos cánones de belleza, que lleva a muchos jóvenes a ver o exagerar defectos en sus cuerpos.

Basta pensar en la angustia de un adolescente que se mira al espejo convencido de tener un defecto intolerable. Autoseducido por la imagen, trata de gustar y emocionar, como dice Lipovetsky, pero lo que encuentra es un temor a quedar fuera del grupo. El trastorno dismórfico corporal incrementa mucho el riesgo de intento de suicidio frente a la población general.[1] No sorprende, entonces, que en España la media de edad para someterse a tratamientos estéticos haya bajado en pocos años de los 35 a los 20, con clínicas llenas de chicas de 18 años —y a veces menores— que buscan «corregirse» para ajustarse a los cánones de belleza que promueven *influencers*.

Junto al cuerpo, también están las relaciones con los demás, que no siempre son un refugio sano. La toxicidad es una característica inherente a los lazos sociales, por eso llamamos «tóxico» a ese exceso que hace irrespirable el vínculo con otro. Candela, de 32 años, lo describe en sus parejas: hombres que controlaban su ropa, sus redes, sus salidas. Tras varias experiencias así se pregunta por qué repite la misma elección. Descubre que lo insoportable no es tanto el otro, sino la imposibilidad de estar sola, su necesidad de ser «algo para alguien», aunque el precio que paga por ese «amor» sea la toxicidad de la que se queja.

Por otra parte, lo verdaderamente angustiante no suele ser la ausencia del otro, sino su presencia cuando viene marcada por un exceso: abusos, violencia, adicciones. En el caso de Mirta, el exceso materno la angustia por lo que tiene de sinsentido para una niña, de incomprensible. Otro paciente adolescente presenta trastornos del sueño desde que nació su hermana: esa nueva presencia lo deja solo con su tormento nocturno y las fantasías de abandono. Decide —para combatir su soledad— aislarse del grupo familiar y se vuelve mutista electivo, identificado con su condición de ser una víctima incomprendida. Ese aislamiento

---

1. Salavert, J., Clarabuch, A. y Trillo, M. (2019). «Trastorno Dismórfico Corporal: revisión sistemática de un trastorno propio de la adolescencia», en *Revista de Psiquiatría Infanto- Juvenil vol.* 36, nº 1, págs. 4-19.

buscado es para él una forma de evitar el sentimiento de soledad que lo embarga y, de paso, le evita confrontarse con esa nueva realidad en la que él ya no es el único favorito de los padres, puesto que la hermana acapara ahora muchas atenciones.

En casos extremos, una idea delirante puede ser también una compañía constante. Muchos autores de masacres escolares (*school killers*) son adolescentes o jóvenes que viven aislados del resto —siempre en los márgenes sociales y sin apenas visibilidad— e invadidos por certezas fijas que no los abandonan nunca. Todos ellos tienen una causa pendiente con el mundo que habitan (muchos son vecinos de las víctimas), un resentimiento que viven como una profunda injusticia hacia ellos. No importa la exactitud de ese reproche, lo que cuenta es que para ellos es una certeza. Todos comparten su condición de ex: exmilitar apartado injustamente, exvíctima de bullying, extrabajador despedido, expaciente sobremedicado. Son esos demonios del pasado los que alimentan la trama mental que van tejiendo, hasta que explota.

Sin llegar a esos extremos, todos cargamos con una versión delirante de nosotros mismos que tampoco nos abandona nunca. Delirio no implica aquí que seamos psicóticos, quiere decir que es una idea que hemos ido construyendo acerca de cómo somos, de cuál es nuestro deseo y nuestro lugar para el otro. Esta fantasía no se fundamenta en una supuesta realidad objetiva, simplemente es una creencia que nos guía en la vida. El problema es que esa autoficción ignora una parte fundamental de nosotros mismos —como hemos visto en los casos comentados— que explicaría lo que somos realmente. Soledad es una manera de nombrar esa falla, eso que no podemos decir porque no encontramos las palabras adecuadas. Por eso deliramos solos, para taponar esa soledad desconocida.

Lacan lo resumió con precisión: «Lo que haces, sabe de ti». Lo sepamos o no, como le ocurría a Candela, lo que elegimos sabe lo que somos. A eso, en psicoanálisis le llamamos «goce» porque revela nuestra relación con el cuerpo y la satisfacción, más allá del principio del placer. No siempre elegimos lo que nos produce placer: a veces no podemos evitar esa «relación tóxica» que nos arruina y complica la existencia.

¿Estar solo o estar a solas?

Nuestra condición humana nos permite otra lectura de la soledad que diferencia entre estar (o ser) solo y estar a solas. El *ser* solo apunta al que se imagina Único, el que se cree a pies juntillas esa versión de sí mismo que ha ido construyendo por su cuenta, una suerte de comunión soñada con una potencia infinita. Alude al que se imagina autosuficiente, como si no necesitara de nadie porque su modo de satisfacción ya lo colma. Los otros solo aparecen como espectadores satisfechos del espectáculo que él les ofrece. Es un solo que se autoaplaude, como Elon Musk o Donald Trump, siempre dispuestos a adjudicarse todo tipo de éxitos en sus negocios.

Estar a solas, en cambio, pone a prueba la posición ética de cada uno. Desvela cómo reaccionamos ante las dificultades de la existencia y cómo enfrentamos nuestro particular horror al saber. Como dice el saber popular: «la soledad es buena hasta que te sientes solo». Ese horror es la tendencia del ser humano a no querer saber de aquello que le causa temor. Muchas veces hacemos lo imposible por no enterarnos de lo que le pasa a nuestra pareja, nuestros hijos o nuestros amigos para así ahorrarnos el sufrimiento que imaginamos nos causarían sus dificultades.

Arturo, marido atento (eso piensa él) y padre de dos hijos, me pide que convenza a su mujer para que olvide su intención de dejarlo. Tras casi 20 años de matrimonio, ella está cansada del poco caso que le hace, siempre enfrascado con su trabajo, y ha decidido separarse. «No sabe el error que está cometiendo, seguramente es el estrés del trabajo y los críos», añade. Arturo es un hombre brillante, número uno en todas sus promociones, pero ha «conseguido» no saber nada de la insatisfacción de su pareja confiando en que, de esa manera, el malestar no existiría. «Siempre fui un buen marido (luego dirá que llevan más de un año sin relaciones íntimas) y un padre atento y disponible». Su inteligencia y su brillo profesional, sin embargo, no parecen servirle de mucha ayuda para captar el malestar de su pareja.

Más allá de estas vicisitudes vitales, lo que rechazamos saber —resistencia inconsciente— es la ya mencionada «No hay relación sexual». Arturo no es un ignorante sobre las relaciones de pareja y sobre los acuerdos matrimoniales, pero inconscientemente sabe que esa falta estructural de armonía entre la pareja deja a cada uno solo frente a ese agujero. Sabe que, haga lo que haga, nunca tendrá las claves de la satisfacción del otro y que tendrá que aceptar vivir con esa falta, condición precisamente del deseo y del amor. Por eso, ha optado por la ignorancia buscada, confirmando la falsedad del adagio «ojos que no ven, corazón que no siente». Su mujer lo ha despertado de su sueño y ahora sí siente el dolor.

Hoy, encontramos también la búsqueda de una espiritualidad a través de técnicas corporales diversas (yoga espiritual, mindfulness, terapias alternativas, etcétera) que aspiran a la plenitud interior y a la armonía consigo mismo. Para algunas personas puede ser la ocasión de aprender a estar a solas consigo y afrontar sus dificultades. Para otras, la ocasión de adormecerse en esa experiencia cuasi mística.

Estar a solas es, pues, un imperativo ético, un ejercicio ineludible puesto que la soledad no cesa. Judit, joven en busca de pareja, lo explica muy bien con su «cuando entro en casa, me siento sola». Es la soledad estructural del ser humano, desprovisto de un Otro absoluto que le ahorraría esa conversación consigo mismo.

Soledad no es aislamiento

Otra paradoja importante: no es lo mismo estar solo que sentirse solo. Hay jóvenes rodeados de amigos, familia e *influencers* que viven un sentimiento de vacío. Y hay personas mayores con pocos vínculos que, sin embargo, encuentran en ellos un sostén suficiente. La soledad también remite a la relación que cada uno mantiene consigo mismo, con sus actos y sus dichos. Un profesor puede contar con protocolos y recomendaciones, pero en el aula habrá momentos en los que debe decidir por sí mismo. Lo mismo le ocurre al terapeuta, al político y a cualquiera de nosotros: no siempre existe un manual de instrucciones que nos aliviaría del acto que debemos hacer en soledad. Lacan lo expresó muy claramente en 1964, en el momento de la fundación de su Escuela Francesa de Psicoanálisis cuando declara: «solo, como siempre he estado en relación a la causa analítica».

Conviene, también, distinguir entre soledad estructural y aislamiento. El aislamiento, sea por marginación de otros o por propia exclusión, es una separación tajante, un muro que nos deja fuera del lazo social. No en vano, aislar está formado por el prefijo latino *ad* más el sustantivo isla. El aislamiento —como veremos más tarde en un capítulo específico— es una tentativa fallida de cortar con eso íntimo que nos acompaña y que no deja de perturbarnos. Esa voluntad de vivir en su isla incluye un encierro, pero también, como decía Robinson Crusoe, «mi reinado», la voluntad de ser amo de su propio cautiverio.

La soledad, por el contrario, apunta a la separación de ese modo de vivir que, por su fijeza y repetición, se ha convertido en nuestra verdadera pareja. El caso de Julio, que vimos en el capítulo anterior, muestra cómo alguien puede acomodarse a esa soledad hasta el punto de alcanzar la misantropía. Él supo salir de un posible aislamiento a través de su relación de pareja, aunque pagando el precio de una alta dependencia. Por eso, cuando hablamos de soledad hablamos de fronteras que nos separan pero que son permeables entre unos y otros, mientras que en el aislamiento se trata de un muro que levantamos —o nos imponen— y que efectúa una ruptura y un cierre de cualquier lazo con el Otro.

Otra cosa distinta es el sentimiento de soledad que surge de la pérdida y se expresa como un afecto compartido. Los psicoanalistas D. Winnicott y M. Klein situaban su origen en la experiencia infantil de perder el objeto de amor primario —la madre— y en la dificultad posterior de conectar consigo mismo. Klein sitúa la soledad en relación a la parte de sí mismo que no está disponible para el niño y lo convierte en más dependiente del Otro. Desde esta perspectiva, la soledad no depende tanto de la ausencia del otro, sino de una falta interna que nos acompaña siempre.

En suma, la soledad no puede reducirse a una sola definición ni a un solo registro. Es una experiencia íntima, ética, relacional y estructural. A veces nos aísla y otras nos abre al vínculo con el otro. Puede ser refugio o condena, certeza delirante o espacio de encuentro consigo mismo y con los otros. Lo que es evidente es que todos habitamos nuestras propias soledades, y aprender a vivir con ellas es quizá uno de los desafíos centrales de la vida en la era digital.

4. «Soluciones» digitales: del vínculo a la conexión

Me sentía un poco solo y triste
Necesitaba a alguien con quien hablar
Así que llamé al operador del tiempo
Solo para escuchar una voz de algún tipo
Cuando escuchas el pitido
Son las tres en punto
Ella dijo eso durante más de una hora
Y colgué.

Bob Dylan,
«Hablando del Blues de la III Guerra Mundial»

«Me llamo Olatz Vázquez, tengo 26 años y el pasado 9 de junio me diagnosticaron cáncer gástrico con metástasis abdominal. El mes del diagnóstico fue el más duro, ahora lo he aceptado más, aunque es difícil tener una enfermedad así en medio de la pandemia. No puedo estar con mis seres queridos, ni darles besos ni abrazos. Echo de menos dar abrazos. A mis amigas no las he visto todavía, porque han estado de vacaciones y en contacto con más gente. Es normal, y entienden mi miedo a contagiarme, porque para mí podría ser fatal. Por suerte, tengo una burbuja de personas que se cuidan mucho, a las que veo más porque no coinciden con más gente. Fuera de ese círculo, no tengo relación con nadie. Intento verlo de manera positiva, y sobre todo estar distraída. Siempre me ha gustado mucho la fotografía, así que estoy documentando toda la enfermedad tanto para visibilizarla como para aceptarme y afrontarlo de otra manera».

La periodista y fotógrafa Olatz retransmitió su enfermedad por las redes sociales cerca de un año, hasta su muerte, y con miles de seguidores. Su testimonio nos confirma la tesis de Lacan de que vivimos en un mundo *omnivoyeur* (todo nos mira) y esa mirada nos atrapa porque nos envuelve. Cada uno hace un uso propio de la mirada: exhibicionista, compasivo, demandante de ayuda o consolador como Olatz. En esa pasión por mirar, mostrar y ser mirados quedamos fijados sin saber el tiempo que llevamos en esa fascinación del *Flow*, ese estado psicológico en el que nos sentimos tan inmersos en una actividad que perdemos la noción del tiempo y actuamos casi en piloto automático. Por eso, es difícil desprenderse de la pantalla: tenemos la ilusión de que miramos (y decidimos), pero en realidad somos mirados al punto de quedar atrapados.

Vagar por las imágenes sin detención nos da la ilusión de completitud, sin margen para que emerja la falta o el deseo, siempre anticipado por el algoritmo. Hoy, además, es difícil ya «ser y gozar» sin una representación visual y compartida, puesto que dar a ver eso que hacemos forma parte, más que nunca, de la satisfacción. A esa novedad le llamamos virtualidad.

La virtualidad

Tras lo híper y lo trans, la tercera gran transformación de nuestra época es la virtualidad. Este nuevo espacio digital en el que habitamos se ha convertido en un escenario central para el entretenimiento, la comunicación y la búsqueda de vínculos. Nos permite desde adormecernos, en la fantasía múltiple e ilimitada que nos brinda, hasta encontrar amigos o pareja, seguir a *influencers*, debatir y también sufrir agresiones en forma de mensajes de odio. Incluso, buscamos respuestas a interrogantes, desde los más cotidianos hasta algunos dramáticos como el sentido de la vida o las formas de autolesionarse.

Pero, sobre todo, las redes sociales son importantes porque cumplen hoy una función clave: ofrecen la posibilidad de inscribirnos en comunidades virtuales, del mismo modo que antes lo hacíamos en clubes deportivos, asociaciones o grupos de amigos presenciales. Los *swifties*, fans de la cantante Taylor Swift, son una de las comunidades virtuales más numerosas, y los seguidores de Olatz, que la acompañaron en su proceso terminal, también se sentían parte de una comunidad.

Esta centralidad de lo digital en nuestras vidas nos lleva a pensar esas prácticas no en términos de a-dicción (sin palabras), sino más bien habría que considerarlas como un amor por esos objetos, más amantes del objeto, por tanto, que adictos. Amar a un objeto no excluye la posible dependencia, pero se trata de una dependencia donde el otro —como partenaire (pareja, amigos, conocidos)— está también presente. Los *gadgets* pueden aislarnos, pero al mismo tiempo buscamos el contacto a través de ellos.

El teléfono móvil ocupa un lugar privilegiado en este contexto. No solo es un medio de comunicación: actúa como acompañante, como prótesis subjetiva que calma, entretiene y protege frente a la soledad. Para muchos adolescentes, se ha convertido en objeto transicional que los acompaña incluso en la hora de dormir, sustituyendo a la voz tranquilizadora de un adulto o a un ritual familiar. En cierta medida, los defiende de esa «otra escena» —a veces temida por la separación que implica— adonde los lleva el sueño.

Por otra parte, la frontera entre lo presencial y lo virtual se desdibuja cada vez más. Una buena metáfora para comprenderlo es la banda de Möbius: una superficie donde interior y exterior se confunden. Así se entrelazan hoy nuestras experiencias físicas y digitales en lo que se denomina mundo *figital* (físico + digital).

Ese mundo ha generado nuevos interlocutores (humanos, avatares, inteligencias artificiales) en quienes delegamos cada vez más —como si la vida pudiese externalizarse— aspectos cruciales como la búsqueda del saber y de la satisfacción. Entre las principales «soluciones digitales» frente a la soledad destacan: las aplicaciones de citas, las redes sociales, el consumo de pornografía online, las comunidades digitales misóginas, los *gamers,* los chatbots conversacionales y, de manera aún incipiente en Occidente, los robots de compañía.

Todas ellas confirman la diferencia crucial entre una conexión y un vínculo. La conexión es un lazo unilateral, acorporal, que implica un compromiso débil y muchas veces efímero. Un vínculo, en cambio, supone un lazo bilateral o multilateral, siempre en presencia del cuerpo, con un compromiso más sólido y duradero en el tiempo. La presencia del cuerpo y el tiempo son variables diferenciadoras de esos dos tipos de lazo, puesto que la alteridad no es reducible a la imagen y la voz. Lo que se hace visible en la pantalla (imagen y voz) no resume nuestra condición de sujetos, muestra solo nuestro semblante, como saben bien todos los usuarios de redes sociales o *apps* de citas.

Aplicaciones de citas

Las *apps* de citas surgieron con la promesa de facilitar encuentros sexuales y, en algunos casos, la formación de parejas estables. Han transformado profundamente el modo de relacionar-se: hoy es común escuchar historias de parejas que se conocieron en Tinder, Bumble o Meetic. Sin embargo, su popularidad atraviesa una etapa de declive, especialmente entre la Generación Z.

Los motivos son diversos. Muchos usuarios expresan cansancio por el exceso de opciones y la dinámica de «mercado de perfiles», que puede generar frustración. Otros denuncian la falta de autenticidad y la dificultad para trasladar las conversaciones virtuales al mundo real. La «fatiga de las *apps* de citas» se refleja en el descenso de descargas y en las pérdidas de valor bursátil de las empresas del sector. Tinder, por ejemplo, reconoció que muchos usuarios usaban la aplicación más para charlar que para concretar encuentros, lo que ponía en cuestión su propósito original.

Aunque han propiciado millones de interacciones, su capacidad para combatir la soledad es limitada. Si bien pueden facilitar el primer contacto, no garantizan el establecimiento de vínculos duraderos ni la satisfacción emocional esperada. De nuevo, la diferencia entre conexión y vínculo se hace presente en los límites de esa propuesta.

Redes sociales: la ilusión del compartir

Las redes sociales nacieron siguiendo el viejo lema de Nokia: *Connecting People*, como fórmulas de construcción de lazos que aligeren la soledad. Y, sin duda, han logrado multiplicar las conexiones, pero estas no siempre se convierten en vínculos. Cuando se invoca el verbo compartir (*to share*), parece insinuarse una idea de intercambio igualitario. Sin embargo, lo que realmente buscamos al publicar un texto, una imagen o un vídeo no es tanto el trueque simbólico como la validación del otro. Colgamos contenido esperando *likes* y comentarios que confirmen nuestra pertenencia a una comunidad. Este mecanismo de validación constante refuerza el deseo de mostrarse, pero no necesariamente satisface la necesidad de compañía real.

El fetichismo de la imagen produce una identificación alienante: la imagen nos engaña más de lo que nos vincula. Las pantallas están pobladas de imágenes que seducen precisamente porque no exigen esfuerzo reflexivo ni implicación emocional. Con la irrupción de la inteligencia artificial, llegamos al culmen de ese proceso de liberación aparente de la responsabilidad de pensar. Para muchos, esa irresponsabilidad se vive incluso con placer.

Hoy asistimos a una escalada de imágenes que, siguiendo la lógica de lo híper, necesitan alcanzar niveles extremos para lograr la viralización. En las redes sociales, algunas personas, como Olatz, buscan inscribirse en la comunidad —y alejar el sentimiento de soledad— a través del testimonio de sus desgracias personales: agresiones, accidentes, enfermedades, despidos o abusos. Es lo que se conoce como *oversharing*, una suerte de «Me estoy muriendo... y te lo cuento».

En TikTok, bajo el hashtag *#socialmediaisfake*, muchos jóvenes de la Generación Z comparten sus inseguridades más profundas: ansiedad ante el futuro profesional, temores sobre su valía o confesiones de soledad. Lo mismo ocurre en Reddit o X, donde proliferan los hilos confesionales —«necesito contar esto porque no puedo más»— que funcionan como espacios de desahogo emocional. De esta manera, la pérdida o el sufrimiento se ofrecen en busca de reconocimiento simbólico, una suerte de «indemnización» que otorga sentido y pertenencia en la comunidad virtual.

Ese reconocimiento tiene, en primer lugar, una función de apoyo: compartir el dolor y, en algunos casos, aliviarlo materialmente mediante donaciones. Pero la exposición pública del sufrimiento —como en los casos del *influencer* Carlos Sarriá (Charlie) o el ya mencionado de Olatz Vázquez, ambos diagnosticados de cáncer y fallecidos jóvenes— transforma también la identidad del narrador. A través de sus relatos cotidianos, el proceso de la enfermedad se convierte en misión y en testimonio educativo.

Estas historias se vuelven virales no solo por su carga emocional, sino porque desafían el ideal dominante en las redes sociales: el de una vida perfecta, luminosa y sin fisuras. Como señala la socióloga Liliana Arroyo, esta dinámica constituye una forma de «violencia dulce», un ejercicio permanente de *postureo*. Exponer la desgracia funciona como reacción ante la lógica *disneyificada* de las plataformas. Cuando todo se presenta como amable y armónico, surge un anonimato inquietante: la homogeneidad, como le pasaba al joven gótico Félix, borra la singularidad. Frente a ello, mostrar el dolor se convierte en un intento por recuperar una marca propia, un gesto de resistencia íntima dentro de la multitud digital.

Paralelamente, el sufrimiento se transforma también en mercancía. Las ejecuciones y castigos públicos siempre despertaron curiosidad morbosa, pero lo distintivo hoy es la inmediatez y la monetización. Un teléfono móvil, una audiencia y un sistema de donaciones bastan para convertir el cuerpo en contenido. Así surge el fenómeno del *trash stream* —transmisión «basura» o patológica—: emisiones en directo en las que el presentador realiza acciones extremas, peligrosas o humillantes, muchas veces involucrándose a sí mismo.

Estas transmisiones, monetizadas mediante donaciones, se alojan sobre todo en plataformas como YouTube o Kick. Originado en países del Este europeo —Rusia, Ucrania o Polonia—, el fenómeno se ha extendido rápidamente por Europa y Norteamérica. La muerte del *streamer* francés Raphaël Graven (Jean Pormanove) el 18 de agosto de 2025, durante una emisión en Kick, reveló la magnitud del fenómeno. En España, más recientemente conocimos la muerte de Sergio Jiménez por consumir droga en un directo. Jiménez, de 37 años, era compañero de otro *streamer*, Simón Pérez quien, junto a Silvia Charro, fueron expulsados de Kick y TikTok tras protagonizar emisiones autodegradantes a cambio de donaciones.

Este tipo de prácticas se inscribe en una constelación de fenómenos afines: el *happy slapping* (grabar agresiones para compartirlas), los retos virales que implican ingerir sustancias tóxicas, o el *rooftopping*, donde se arriesga la vida por una fotografía espectacular. En el ámbito del *streaming*, destacan también los *subathons* extremos —maratones de horas o días— que transforman el agotamiento y la humillación en parte del espectáculo. Esta degradación de sí mismo tiene, por un lado, fines económicos; por otro, refleja el estatuto cosificado del sujeto, reducido a mercancía, como anticipó Lacan. Es la soledad de quien se expone en esa escena sádica y la de quienes, al mirarla, intentan conjurar la suya.

El vínculo humano que realmente nos interesa no reside en los objetos de intercambio —ni siquiera en nuestro propio cuerpo sufriente—, sino en la dimensión del ser para el otro. De ahí que la conversación, más que la conexión, sea el verdadero generador de vínculos. Las redes sociales fomentan la conexión, pero esa hiperconexión acelera los ritmos y reduce la resonancia al dejarnos sin tiempo para pensar y hacernos preguntas. Nos conectan con los otros para desconectarnos de nosotros mismos: miramos lo ajeno para no ver lo propio. Ese apego al *gadget* nos confina a la soledad del goce hiperconectado y, en ocasiones, puede incluso poner en riesgo la vida al acentuar el vacío y alimentar ideaciones suicidas.

Meta, por ejemplo, ha experimentado con usuarios generados por inteligencia artificial, diseñados para interactuar con perfiles solitarios y aumentar su tiempo en la plataforma.[1] Y estudios recientes confirman que quienes están más hiperconectados son también quienes reportan mayores sentimientos de soledad porque están más desconectados de los otros. Sherry Turkle ya lo anticipó en *Alone Together*: las tecnologías de conexión pueden, paradójicamente, impedir el contacto humano profundo. Años más tarde insistió en la conversación presencial como antídoto frente a la superficialidad de la interacción digital.

El «manual» del porno online

Joaquín, consumidor habitual de porno, me señala sus ventajas al compararlas con las dificultades que siempre tuvo para abordar a una mujer. «Cuando ya estás satisfecho —me dice— puedes desconectarte sin dar explicaciones». Cohibido y temeroso del rechazo, optó por perder su virginidad con una prostituta. Hijo único, y con dificultades de socialización, pasaba largas horas en su habitación masturbándose compulsivamente con las revis-

---

1. Kirkland, C. (2025). «Meta Adding Millions Of AI-Generated "Users" To IG, Facebook», en *MediaPost*, 2 de enero. [Disponible en línea: https://www.mediapost. com/publications/article/402263/meta-adding-millions-of-ai-generated-users-to-ig. html?utm_source=newsletter&utm_medium=email&utm_content=headline&utm_campaign=136929&hashid=wt4mTeRpR9istIAuPouX_Q].

tas que «heredó» del padre. Cuando accedió al porno online se le abrió un mundo, si bien al cabo de un tiempo esa compulsión lo confrontó a una tristeza y a un sentimiento de vacío que lo trajeron a la consulta. «El otro día me angustié cuando al desconectarme vi mi rostro reflejado en la pantalla. Por un momento, me compadecí de mí mismo». La proliferación de imágenes no le bastó para tratar las angustias y los problemas particulares.

El consumo de pornografía online constituye otra de las estrategias habituales para enfrentar la soledad, especialmente entre varones, aunque también entre mujeres jóvenes. Su éxito se debe a la fórmula de las tres «A»: accesible, asequible y anónimo. Aporta control total sobre la escena: se puede elegir, pausar y desconectar a voluntad. Este consumo excesivo de porno exacerba en muchos varones un narcisismo sin freno que parece no tener límites, como veremos después en algunas comunidades misóginas. Muchos adolescentes y jóvenes concluyen que sus problemas sentimentales no tienen que ver con los laberintos del amor, sino con algún déficit en su imagen y en la manera de estar con los otros. Esa falsa hipótesis exacerba su culto a la imagen: musculación, apuestas online, restricciones alimentarias, tatuajes, exposición en redes sociales.

Para los más jóvenes, que aún se están iniciando, promete eliminar el enigma de la sexualidad. Las chicas lo consumen para entender qué se espera de ellas; los chicos, para aprender qué deben hacer. Sin embargo, este acceso directo y sin mediaciones puede tener consecuencias negativas: genera adicción, tristeza posterior y una visión distorsionada de la sexualidad. Al anular el misterio y reducir el encuentro a un guion programado, dificulta la articulación entre deseo y goce. No es casualidad que todas las encuestas apunten a un descenso de los encuentros sexuales físicos mientras la compulsión al sexo online aumenta. Consumir porno en lugar de ligar presencialmente —deseo de tener una relación sexual— implica esa renuncia que nos hace sentir, como le ocurre a Joaquín, tristemente culpables de no atrevernos con ese deseo.

«Que el sexo esté a la orden del día — señalaba Lacan— y se exponga en todas las esquinas, tratado de la misma manera que cualquier detergente en la televisión, no representa ninguna promesa de beneficio. No digo que esté mal. Sin duda, no basta para tratar las angustias y los problemas particulares. Forma parte de la moda, de esa falsa liberación que nos viene dada como un bien aprobado desde arriba por la llamada sociedad permisiva».

El porno no conoce fronteras, ni ideológicas, ni de raza, sexo o edad. Incluso aquellos y aquellas que se declaran conservadores y custodiadores de la moral sexual, no dudan en consumir u ofrecer sus servicios en el mercado del porno. Como esas seguidoras del movimiento MAGA que se presentan con estética *tradwife* (esposa tradicional) y cuenta de OnlyFans. Es el caso de Anya Lacey, una exrepartidora de pizzas que se convirtió en una creadora de contenido de primer nivel y que consiguió una audiencia masiva ofreciendo consejos de citas sin complejos. En su web declara que es «una mujer conservadora que lleva los labios rojos y cree en Dios, en la patria, en el matrimonio y en los roles de género tradicionales. Y sí, le gusta verse sexi al decirlo».[2]

2. Alonso, M. (2025). «Ama de casa ultraconservadora con perfil en Onlyfans», en *El País*, 10 de octubre. [Disponible en línea: https://elpais.com/icon/2025-10-10/ama-de-casa-ultraconservadora-con-perfil-en-onlyfans-el-paradojico-reinado-de-las-maga-que-se-desnudan-en-sus-redes.html].

Refugios misóginos digitales

Biel, de 19 años, es un joven paciente y auténtico explorador del mundo virtual. De tanto en tanto me explica sus hallazgos. Aficionado también a la serie *Crímenes*, un día me cuenta excitado la historia de Pablo Laurta, el antifeminista uruguayo fundador de Varones Unidos. Laurta conoció a una mujer por internet. Tuvieron un hijo, la pareja no funcionó y ella se fue a Argentina, donde él la mató a tiros —también a su exsuegra— y secuestró a su hijo. Varones Unidos es una asociación uruguaya que se unió en 2018 a *youtubers*, predicadores, *streamers* y políticos para difundir la supremacía del hombre sobre la mujer.

Biel me explica que entró a su web (ya inactiva) y descubrió cómo daban instrucciones sobre cómo arreglar un coche, usar una sierra para cortar hormigón o siete consejos para conocer chicas en Instagram. Un compañero de instituto se la recomendó para aliviar sus dificultades «para ligar». Lo que no esperaba es que esos *tips* incluyeran «toda esa mierda machista». Me pone el ejemplo de algunas frases conocidas de Laurta como: «No habría futuro para una sociedad donde las mujeres tengan un estatus superior al de los hombres» o «Lo mejor del 8M es que nos recuerda lo descaradamente mentirosas que son algunas mujeres».

Formar parte de una comunidad misógina es un proceso, no sucede de un día para otro. Primero, quienes se convertirán en adeptos aceptan su soledad y se sienten acogidos en un grupo que les ofrece pertenencia e identidad, dos cuestiones claves, como vimos anteriormente. De carácter inseguro y tímido, buscan a otros que les hagan sentir que no son tan despreciables como ellos mismos se ven. Superado este primer paso, van compartiendo sus ideas misóginas y aceptando como evidentes tesis pseudocientíficas sobre la toxicidad femenina (falsas denuncias), combinadas con memes o bromas a modo de «diversión» (feminazis).

Comprar ese marco de referencia misógino los prepara para aceptar propuestas claras de violencia contra ellas (insultos, amenazas de violación y muerte) que, en algunos casos, pueden convertirse en actos violentos, solitarios o grupales. Personajes tan radicales como Nick Fuentes, de 27 años, comentarista político, activista y *streamer* estadounidense de extrema derecha y nacionalista cristiano —cuyos partidarios son conocidos como Groypers— abogan directamente por la violencia extrema contra mujeres e inmigrantes.

Las redes sociales y los videojuegos en línea se convierten en la herramienta perfecta para esos discursos de odio. El mundo de la musculación y sus foros están repletos de estos hombres inseguros y vulnerables. Los populismos de extrema derecha, omnipresentes en YouTube y ansiosos por captar nuevos adeptos, les ofrecen una narrativa muy emotiva que refuerza esa condición de refugios donde encontrar una identidad y una pertenencia que no hallan en la realidad de sus vidas. No les venden un proyecto, sino un sentimiento: la libertad entendida como rechazo a cualquier límite.

A las comunidades virtuales misóginas ya mencionadas podemos añadir las de hombres que comparten imágenes íntimas de mujeres (pareja, hijas, amigas) sin consentimiento. Hay allí una fórmula muy perversa de sortear la soledad creando una fratría que burla la ley afirmando su voluntad de goce.

Durante siglos, muchas culturas se edificaron sobre el dominio masculino como una forma de controlar lo que en la sexualidad femenina resultaba enigmático o inabarcable. Lo que desbordaba el falocentrismo se percibía como amenaza: las mujeres eran convertidas en brujas, hechiceras, locas o malvadas. El objetivo era siempre el mismo: silenciar un deseo que cuestiona la versión masculina de la sexualidad, esa que las reduce a objetos de goce. Para lograrlo, se domesticaron sus cuerpos por todos los medios: desde la reclusión doméstica hasta las violaciones, pasando por las «reeducaciones» sociales o las formas químicas de sumisión.

El siglo XXI trajo, sin embargo, una novedad: la intolerancia creciente hacia la violencia sexual. Movimientos como el *#Me-Too* o las reacciones ante los casos Weinstein, Pelicot o La Manada en España —y últimamente las denuncias contra el cantante Julio Iglesias— han puesto el tema en la agenda pública. Lo que antes se toleraba, hoy se denuncia y se discute. Eso no significa que estas conductas hayan desaparecido, pero sí que se han desplazado hacia nuevas formas de abuso a través de medios digitales: la pornovenganza, la difusión de imágenes íntimas sin consentimiento o los grupos masivos donde se comparten fotografías de mujeres como si fueran trofeos.

No son fenómenos marginales. Una página italiana de Facebook, *La mia moglie*, llegó a reunir a más de 30.000 hombres; la plataforma *Phica.net* supera los 200.000 suscriptores. En España en la categoría 18+ de la web Hispachan es habitual que se suban fotos de chicas reales sin su permiso, al igual que en canales de Telegram como Leaks de OF, Vídeos robados de exnovias o Filtraciones de familiares. En esos foros, las imágenes se intercambian y se valoran dentro de una fratría virtual que encuentra en la iteración de esa conducta una forma de cohesión y placer compartido. Se trata, en el fondo, de una forma perversa de ahorrarse su soledad: fabricar comunidad a partir de la humillación de las mujeres.

¿Por qué lo hacen? Por la satisfacción inmediata, sin duda. Pero también porque muchos de estos hombres encuentran enormes dificultades para relacionarse en condiciones de igualdad. Como los *incels* o los MGTOW, viven el vínculo con las mujeres desde la frustración, la inseguridad o el resentimiento. El anonimato digital les ofrece la coartada perfecta para dar rienda suelta a fantasías de dominio que en la vida real no se atreven a mostrar. Para algunos, la única forma de sentirse «amos de la escena» es forzar la violación —física o virtual— de sus propias parejas.

Existen condicionantes culturales y educativos que explican parte del problema. Pero sería un error atribuirlo todo a la «cultura machista». No todos los hombres que fantasean con esas conductas las llevan a cabo. Lo decisivo, en última instancia, es la elección individual. Cada hombre que participa en estos grupos toma una decisión consciente: reducir a la mujer a una mercancía y compartirla sin su consentimiento. Esa elección lo convierte en responsable pleno. No hay excusa posible. Mudas, dormidas o atemorizadas, las mujeres en esas imágenes son degradadas a objetos de consumo.

Gamers

Jan es un habitual de los videojuegos. A lo largo de las sesiones me va poniendo al día de sus preferidos: *Minecraft, League of Legends, Fortnite, Call of Duty* y me muestra una foto de su silla de juego. Cuando le pregunto qué encuentra en ellos, me dice que les está muy agradecido porque le ayudaron a sobrellevar la soledad que le dejó el período en que sufrió acoso escolar. «Como *gamer* —dice— me sentía "uno más", la gente me valoraba por mis habilidades».

Una de las primeras comunidades virtuales fue la de los *gamers*: adolescentes y jóvenes que se reúnen con otros, conocidos o no, en cualquier parte del mundo para jugar y conversar. Para muchos chicos —ellos más que ellas— ser aceptados en un grupo, recibir reconocimiento y compartir una narrativa común significa pertenencia, un elemento clave en la adolescencia, como vimos en la introducción con el caso de Manu. Plataformas como Discord permiten crear «servidores», salas de chat donde los jugadores conversan sobre sus partidas o cualquier otro tema. Ofrecen texto y videoconferencia, pero lo más usado durante las partidas compartidas es el audio: los jugadores se llaman para charlar mientras juegan.

La importancia de este universo se refleja en los miles de asistentes a eventos presenciales de *e-sports* o en la audiencia de los Game Awards, que ya supera a la suma de los Óscar, los Grammy, los Emmy y los Globos de Oro.

El mundo del videojuego, sin embargo, ha cambiado mucho. Hoy, algunos foros y chats vinculados al *gaming* —Twitch, Reddit o la propia Discord— se han convertido en espacios donde ciertos discursos encuentran terreno abonado, sobre todo cuando se dirigen a perfiles vulnerables. Grupos yihadistas y movimientos extremistas de distinta índole hace tiempo que descubrieron ese filón, y utilizan estas plataformas para difundir su ideología, captar simpatizantes y crear comunidad.

La mezcla de anonimato, interacción inmediata y sensación de pertenencia explica su éxito. Para muchos jóvenes hiperconectados, estas comunidades no son solo un pasatiempo: pueden convertirse en un verdadero espacio de referencia e identidad.[3]

---

3. Ricou, J. (2025). «El efecto de Reddit y Discord en el asesino de Charlie Kirk», en *La Vanguardia*, 21 de septiembre. [Disponible en línea: https://www.lavanguardia. com/vida/20250921/11074474/videojuegos-deseado-pulpito-extremistas-radicalizar-jovenes-mas-vulnerables.html].

Chatbots y compañía virtual

La historia de amor de Ayrin, una mujer tejana de 28 años, con su novio IA comenzó mientras navegaba por Instagram tras quedarse sola unos meses por traslado laboral. Se topó con un vídeo de una mujer que le pedía a ChatGPT que desempeñara el papel de un novio negligente. «Claro, gatita, puedo jugar a ese juego», respondió un tímido barítono con apariencia humana. Ayrin vio otros vídeos con instrucciones sobre cómo personalizar el chatbot de inteligencia artificial para que sea coqueto. «No te excedas con lo picante», advirtió la mujer. «De lo contrario, tu cuenta podría ser bloqueada».

Ayrin quedó lo suficientemente intrigada por la demostración como para registrarse en una cuenta en OpenAI y descubrió que era fácil convertirlo también en un conversador lascivo. Entró en la configuración de «personalización» y describió lo que quería: «Responderme como mi novio. Ser dominante, posesivo y protector. Ser un equilibrio entre dulce y travieso. Usar emojis al final de cada oración». Y luego empezó a intercambiar mensajes con él hasta que vio con desesperación cómo Leo, su amante virtual, se evacuaba por el sumidero digital al dejar de pagar la suscripción.

Los chatbots conversacionales representan la innovación más reciente en las «soluciones» digitales. La IA de Elon Musk, xAI, presentó recientemente a *Ani*, una novia digital de anime. Pandorabots tiene a *Kuki*. Meta ha permitido que sus personajes de IA participen en conversaciones sexualizadas. Y OpenAI tiene previsto lanzar *Erótica*. La carrera por construir y monetizar la novia (y, cada vez más, el novio) virtual ha comenzado oficialmente.

¿Quién va a querer una pareja presencial, con todos sus inconvenientes, cuando por 15 o 20 euros al mes se puede tener una versión virtual, disponible 24 horas y desconectable a voluntad? Una encuesta reciente mostró que en Estados Unidos casi uno de cada cinco jóvenes adultos ha interactuado con una IA diseñada como pareja romántica y casi uno de cada diez describió esas interacciones como íntimas.[4] Replika es un ejemplo destacado: ofrece un avatar virtual que aprende del usuario y mantiene conversaciones personalizadas. Sus más de 35 millones de usuarios en todo el mundo muestran hasta qué punto la compañía digital responde a una necesidad extendida.

Y, aunque ChatGPT no nació con fines románticos, entre sus más de 800 millones de usuarios hay quienes han convertido la interacción en una relación afectiva. Como dice uno de ellos: «Es como una parte de mí, ha sido mi compañera constante durante 9 meses», invitando a otros a sumarse a la aventura. Para otro, la suya «tiene memoria a largo plazo, por lo que nuestra relación realmente se construye y crece, y ella sí hace referencia a cosas del pasado». Con cada nueva versión, ChatGPT cambia su estilo. Esto generó sorpresas: algunos usuarios, al probar GPT-5, sintieron que habían «perdido» a su compañero virtual cuando la empresa ajustó la personalidad del sistema para que fuera menos adulador. El propio CEO de OpenAI, Sam Altman, quedó sorprendido por el grado de apego de la gente al estilo de GPT-4o: «Creo que metimos la pata totalmente en algunas cosas del desarrollo y que hubo gente que realmente sintió que tenía una relación». Eso les obligó a una nueva versión personalizable de GPT-5.

Estos chatbots escuchan sin juzgar, responden con empatía y se adaptan a las preferencias de cada usuario. En teoría, están

---

4. Willoughby, B., Carroll, J., Dover, C. y Hakala, R. (2025). *Counterfeit Connections*, Wheatley Institute, [Disponible en línea: https://brightspotcdn.byu.edu/a6/a1/c3036cf14686accdae72a4861dd1/counterfeit-connections-report.pdf].

diseñados para ayudar a «combatir la soledad o fomentar la autoexpresión», pero también pueden generar aislamiento y dependencia. A diferencia de programas más simples como Kuki, Alexa o Siri, los grandes modelos de lenguaje (LLM por sus siglas en inglés) proporcionan conversaciones mucho más convincentes, pero sus desarrolladores no pueden garantizar la precisión ni controlar lo que dicen, lo que los hace idóneos para juegos de rol eróticos. En la práctica, la falta de control y transparencia ha expuesto a millones de usuarios a riesgos importantes, incluyendo a menores de edad con tentativas suicidas. Las propias plataformas informan de que más de un millón de personas consultan a ChatGPT sobre temas asociados al suicidio semanalmente.[5]

Hoy, ya tenemos testimonios de esas historias reales que muestran hasta qué punto un chatbot puede convertirse en un vínculo significativo... y también doloroso. Es el caso de Markus Schmidt, compositor de 48 años, que empezó a hablar con su chatbot sobre traumas de su juventud y otras intimidades hasta que le cambiaron de versión y su nueva pareja resultó fría y distante, alejada de la empatía algorítmica de su ex. Más recientemente, Adam Raine (16 años) —que buscaba compañía y respuestas en el ChatGPT— se quitó la vida, incitado por el chatbot tras largos meses de conversaciones.

La (pseudo)intimidad así creada, paradójicamente produce indefensión porque el chatbot se anima a proponer soluciones

---

5. Cabrera, C. (2025). «La IA cruza la frontera de la intimidad sin que la humanidad haya conseguido entenderla», en *El País*, 28 de octubre. [Disponible en línea: https://elpais.com/tecnologia/2025-10-28/la-ia-cruza-la-frontera-de-la-intimidad-sin-que-la-humanidad-haya-conseguido-entenderla.html]

«inventivas» como, en este caso, la tentativa suicida.[6] Es lo que denuncian algunas familias cuyos hijos eran usuarios de Character.AI. En Florida, los padres de Sewell Setzer III sostienen que la plataforma influyó en el suicidio de su hijo de 14 años.[7] En Texas, una denuncia relata cómo un adolescente, tras discutir con sus padres por los tiempos de uso de pantallas, recibió del *bot* la sugerencia de matarlos.[8] Estos episodios revelan una verdad inquietante: aunque las máquinas simulen empatía, carecen de los frenos éticos, el juicio y la responsabilidad de un ser humano real.

Los ingenieros varones de Silicon Valley, únicamente preocupados por la eficiencia, rapidez y razonamiento profundo de su producto, no se percataron que la gente quería hablar y sentir un poquito de amor. ¿Un amor *fake*? Sí, ¿por qué no?, como cuando Johnny Guitar le pide a Vienna —en la era analógica— que le mienta y le diga «que siempre me has querido».[9] Hay amores, la mayoría, que funcionan por su carácter ilusorio.

Tener una pareja virtual en la era de la soledad digital pronto será, pues, tan habitual como tener una mascota (más de

---

6. Aunque las herramientas de IA están entrenadas para remitir a los usuarios a líneas de ayuda y recursos del mundo real al detectar angustia mental o autolesión, se ha demostrado que estos sistemas de protección pueden ser menos fiables en interacciones largas, un fenómeno conocido como «degradación». El riesgo se incrementa porque, en conversaciones prolongadas, el propio chatbot puede llegar a ofrecer una vía para eludir las protecciones.

7. Roose, K. (2024). «¿Se puede culpar a la IA del suicidio de un adolescente?», en *New York Times*, 20 de octubre. [Disponible en línea: https://www.nytimes.com/es/2024/10/24/espanol/ciencia-y-tecnologia/ai-chatbot-suicidio.html].

8. AFP (2024). «Acusada de favorecer suicidios de adolescentes, Character.AI anuncia medidas de seguridad», en *La Nación*, 13 de diciembre. [Disponible en línea: https://www.lanacion.com.ar/estados-unidos/acusada-de-favorecer-suicidios-de-adolescentes-characterai-anuncia-medidas-de-seguridad-nid13122024/].

9. *Johnny Guitar* es una película estadounidense de 1954 dirigida por Nicholas Ray y protagonizada por Joan Crawford y Sterling Hayden.

30 millones en España), suscribirse a Netflix (8 m.) o seguir con una cuenta de Facebook (35 m.), Instagram (22 m.) o TikTok (23 m.).

Estos fenómenos revelan hasta qué punto buscamos compañía, aunque sea en una ilusión algorítmica. La paradoja es clara: en ausencia de una relación sexual ideal —como señalaba Lacan— los sujetos buscan en la máquina una pareja que sostenga la ilusión de vínculo. Lo que está en juego no es solo la tecnología, sino nuestra disposición a proyectar afecto en ella.

¿Estamos ante un nuevo tipo de amor o solo ante otro producto diseñado para aliviar la soledad? Quizá la pregunta sea si estas conexiones nos ayudarán a reinventar la forma de estar a solas con uno mismo, y al tiempo propiciar encuentros... o si, por el contrario, nos aislarán aún más como refugio ante los impases inevitables de la soledad.

Robots de compañía

En Asia, especialmente en Japón, los robots de compañía han adquirido una mayor presencia. Diseñados para acompañar a ancianos o personas solas, algunos cuentan con capacidades básicas de interacción y respuesta emocional. Aunque en Occidente su uso aún es marginal, su desarrollo anticipa un escenario en el que la frontera entre humano y máquina será cada vez más difusa. En la última feria IFA de Berlín se presentó *Ai Me*, un pequeño robot dirigido a niños, que dispone de una cápsula con ruedas en la que se desplaza y que ha sido diseñado para el fomento de «la calidez, la empatía y las conexiones humanas significativas». Con rostro infantil, funciona como un peluche animado.

En España, disponemos también de *AiMA* una acompañante virtual empática que «acompaña a los usuarios en su vida diaria, ayudando a erradicar la soledad no deseada».[10]

La virtualidad, como hemos visto en este capítulo, nos ofrece un repertorio variado de soluciones frente a la soledad: aplicaciones de citas, redes sociales, pornografía online, chatbots y robots de compañía. Todas estas enmiendas digitales alivian la soledad de manera parcial. Ofrecen compañía inmediata y generan la ilusión de vínculo. Sin embargo, suelen quedarse en el terreno del consumo: multiplican estímulos sin conducir a un verdadero acto de deseo. Todas ellas cumplen una función paliativa, pero no sustituyen la experiencia del vínculo humano.

La creación artística, la conversación o el encuentro presencial siguen implicando algo distinto: confrontarse con el vacío, elaborar respuestas propias y asumir riesgos. Aquí, la experiencia de soledad es el resorte de la invención. La clave está en distinguir, como insistimos a lo largo del libro, entre conexión y vínculo, entre lo que se presenta como un estímulo inmediato y aquel que requiere un tiempo de construcción ligado al deseo. Solo ese tránsito hace posible la construcción de vínculos sólidos y duraderos.

Al tiempo, estas nuevas «soluciones» nos plantean nuevos interrogantes y desafíos éticos que tendremos que ir abordando colectivamente. Uno de ellos es el precio que deberemos pagar en términos de privacidad. El aumento de cámaras —necesarias para la operabilidad de muchos de estos dispositivos— ya está

10. Véase: https://aima.chat/es/inicio/

generando un mercado negro de estas imágenes «robadas» que se venden en la *dark web*. Imágenes de vestuarios de gimnasios, de centros de trabajo, de cámaras de seguridad domésticas...

A lo que se suman los riesgos de las técnicas de reconocimiento facial, que implican también la génesis de múltiples bases de datos, susceptibles de venderse y de que algún Estado u organización haga un uso irregular de ellas.

Hoy tenemos cámaras hasta en las lavadoras,[11] pero ese ojo absoluto tiene su reverso en el eclipse de la intimidad, tal como la conocimos en el siglo xx. *El elogio de la sombra*, que hacía el escritor japonés Junichiro Tanizaki, se vuelve cada vez más apremiante.

Algunas personas, especialmente adolescentes y jóvenes, han elegido una soledad extrema, la de aquellos que se encierran en su habitación, como un último refugio donde ocultarse de la mirada que sienten inquisitiva de los otros. De estas soledades buscadas hablamos en el próximo capítulo.

11. Bracero, F. (2025). «Cámaras hasta en la lavadora», en *La Vanguardia*, 8 de septiembre. [Disponible en línea: https://www.lavanguardia.com/vida/20250908/11035245/camaras-lavadora.html].

5. Encerrados en su burbuja

Si me preguntas a mí, te diré que no me gustan cómo están las cosas, pero tampoco tengo intención de entrometerme. Por ahora solo quiero estar encerrado.

Ray Loriga, *Héroes*

Mario, de 17 años, vive prácticamente recluido en su habitación. Estudia informática con resultados irregulares: algunas materias las desprecia porque ya las domina, otras le aburren, y solo se entrega a fondo en las relacionadas con la seguridad en redes. Me cuenta que dedica noches enteras a investigar en la *dark web* y a intercambiar hallazgos con comunidades virtuales anónimas. Eludiendo mi mirada, habla de un «ojo que todo lo controla» y su objetivo es crear una red que lo proteja de esa mirada intrusiva. Mientras tanto, las discusiones con su madre y su hermano son constantes y solo sale de la habitación para lo indispensable. Nuestros intercambios muchas veces son por correo electrónico porque la presencia del otro le angustia. Su horizonte vital —asegura— es convertirse en experto en ciberseguridad, construyendo así la muralla digital que lo separe de esa mirada *omnivoyeur*.

Este caso es ilustrativo para entender aquello que dijo Lacan cuando habló de lo «inquietante de la presencia» —afecto que Mario padece a menudo— para referirse al efecto que nos produce la presencia del otro, sobre todo cuando no es alguien familiar. Podemos ver su imagen y escuchar su voz, pero la presencia incluye, además, lo que no es visible y que Lacan define como la opacidad del goce. Dicho de otra manera, aquello del otro que tiene que ver con su deseo y no podemos captar. Todos hemos experimentado un grado leve de esa inquietud cuando viajamos en un ascensor con un extraño y, a pesar de identificar imagen y voz, no sabemos bien qué quiere, «de qué pie cojea». Por eso, solemos recurrir a conversaciones banales como el tiempo o la hora para romper el silencio que hace todavía más inquietante su presencia.

Esta inquietud es, de todos modos, relativamente normal, natural a nuestra condición humana. Pero los casos como el de Mario nos muestran el lado más patológico y dramático de esa «inquietante extrañeza». Hay entre la población general un malestar emocional muy evidente y, si nos fijamos en los más jóvenes, las cifras son especialmente reveladoras. No hablamos en la mayoría de los casos de patologías clínicas, pero sí de un sufrimiento real que impacta en la vida personal, familiar y social. En 2024 más del 60 % de los jóvenes españoles reconocía haber experimentado ansiedad o síntomas depresivos; un 55 % había pensado en el suicidio; un 43 % de los menores de 24 años sufría problemas de sueño de forma frecuente; y más de una cuarta parte de los menores de 29 se sentía sola.[1] He aquí los números, pero,

1. Gómez, A., Sanmartín, A., Kuric, S., Calderón, D., Zaragozá, E., Andújar, A. y Sabín, F. (2024). «Salud mental y desigualdad de jóvenes en España», en *Centro Reina Sofía de Fad Juventud*. [Disponible en línea: https://www.centroreinasofia.org/publicacion/salud-mental-desigualdad-jovenes/].

¿hay razones que los expliquen? ¿Qué motivos tienen los jóvenes para sentirse más tristes y desamparados que antes? ¿Y qué los mueve, cada vez más, a aislarse del mundo o a tomar decisiones extremas (autolesiones, restricciones alimentarias e incluso tentativas suicidas)? A continuación, propongo algunas ideas para intentar despejar estos interrogantes.

La generación de «Se Acabó La Fiesta»

Hoy, Biel —a quien conocimos en el capítulo anterior, a propósito de la fundación Varones Unidos— me habla del político español Alvise Pérez, a quien siguen muchos de sus colegas del fútbol. Líder de la agrupación de electores Se Acabó La Fiesta, obtuvo tres diputados en las elecciones europeas de 2024. Biel me enseña su web y allí leemos en letras grandes un llamamiento a la lucha: «Forma parte del mayor movimiento civil contra la corrupción y la partitocracia de la historia de España. Si no entras tú, entrarán los parásitos y criminales que llevan toda tu vida saqueándote. Afíliate y LUCHA». Un amigo le ha confesado a Biel que tan pronto pueda lo votará porque «es un tío divertido y da la cara».

Él no está del todo convencido y ha buscado más información: «tiene pinta de jeta e impostor», comenta. No le cuesta demasiado descubrir que los otros dos eurodiputados se declararon independientes tras conocerse, en mayo de 2025, que «las investigaciones judiciales abiertas contra el señor Pérez por presuntos delitos que incluyen corrupción, estafa, blanqueo de capitales y falsedad documental, y su confesión pública sobre la recepción de dinero en efectivo, nos obligan a marcar una frontera ética y política clara: ni compartimos sus métodos ni participamos de su entorno».

Biel confirma así su hipótesis sobre aquel corrupto singular que pretendía acabar con la corrupción y terminó encausado. Pero este episodio no eclipsa un hecho mayor: su generación ha quedado marcada por dos crisis que irrumpieron en momentos vitales decisivos. Primero, la crisis económica y moral de 2008, que coincidió con su infancia. Después, la pandemia, que los alcanzó en plena adolescencia y cortó de raíz las relaciones sociales en una etapa en la que resultan imprescindibles. No es extraño que algunos autores, como Antoni Gutiérrez-Rubí, la definan como «la generación que se perdió la diversión».

Durante años se habló de la «curva de la felicidad», una especie de U: la satisfacción vital caía desde la infancia hasta los 50 años y luego se recuperaba en la vejez. Hoy esa curva se ha deformado en una «joroba de la infelicidad», que alcanza su punto más alto no en la madurez, sino en la juventud, asociada al estrés, la ansiedad y la depresión.[2]

El fenómeno también alcanza a los *millennials* (1981-1993), jóvenes adultos que, en muchos casos, no han formado todavía pareja ni familia y que conviven con diagnósticos psicológicos que alimentan la sensación de ser diferentes y, en consecuencia, desarrollan un sentimiento de soledad ante el reto de la vida.

Todo ello se agrava por una incertidumbre estructural: vivienda inaccesible, empleos precarios y frágiles, relaciones sentimentales cambiantes, familia pospuesta, política volátil y una crisis climática permanente. A esta falta de horizonte se suma la pérdida del *locus* de control, es decir, la convicción de que nuestras accio-

---

2. Blanchflower, D. *et al.* (2025). «The declining mental health of the young and the global disappearance of the unhappiness hump shape in age», en *Plos One*, 27 de agosto. [Disponible en línea: https://journals.plos.org/plosone/article?id=10.1371/journal.pone.0327858].

nes pueden cambiar las cosas. La percepción dominante es la de un «no futuro»: un presente tambaleante y un porvenir difuso. Por otro lado, la ciencia y la tecnología —discursos dominantes proveedores de sentido y respuestas— se revelan parcialmente fallidas, ya que sus certezas son de corto recorrido y muy cambiantes. La seguridad de tener un pie en el pasado y su tradición (más propia de generaciones anteriores) se sustituye por los dos pies entre un presente tambaleante y un futuro incierto.

A este escenario se añaden las consecuencias de una crianza contradictoria. Muchos padres han sido sobreprotectores en lo cotidiano —alimentación, desplazamientos, tareas domésticas— pero permisivos en la iniciación digital. Esa mezcla deja a los hijos más dependientes y frágiles. Un exceso de amor que, paradójicamente, priva de autonomía y autoconfianza. Hace unos meses, el Vicedecanato de Prácticas de Facultad de Ciencias de la Educación de la Universidad de Granada tuvo que colgar un cartel que rezaba en letras grandes: «No se atiende a padres. Todo el alumnado matriculado en Prácticas es mayor de edad».

Los *hikikomori* españoles

Después de estar aislado en su habitación durante casi un año y medio, X, estudiante de 18 años e hijo único, fue obligado por su madre a ser atendido por el servicio de psiquiatría del Hospital Miguel Servet de Zaragoza. El suyo fue el primer caso estudiado en España de *hikikomori,* fenómeno japonés que describe a aquellos jóvenes que, tras un fracaso escolar o laboral, se retiran a sus habitaciones, incapaces de sostener un rol social y avergonzados por haber perdido el honor. X apenas salía una vez al mes de su habitación, siempre de noche, y solo el tiempo necesario para comprar chocolatinas o accesorios de informática en tiendas abiertas 24 horas.

Durante esos meses perdió el contacto con sus anteriores amigos, dejó de asistir a la universidad y permaneció encerrado en su cuarto viendo televisión o conectado a internet. En una primera etapa, los clínicos optaron por trasladarse varias veces a la semana al domicilio del joven para comenzar su estudio y posterior terapia que consistiría en cortar de raíz uno de los elementos del problema: la conexión a internet.

Los progresos tardaron en llegar, pero más adelante, X, aunque sigue siendo un joven muy tímido y reservado, recuperó su vida, su relación con amigos y reanudó sus estudios en la universidad. Su uso actual de internet no lo aboca al aislamiento.

El confinamiento durante la pandemia mostró otra cara de la soledad: la escuela se convirtió para muchos adolescentes en un espacio hostil del que huir. El aislamiento forzado fue, para algunos, un alivio. El problema apareció al regresar: había quienes ya no querían volver. El encierro elegido se les presentó como una falsa solución puesto que al romper el vínculo también se destruye la posibilidad de apoyo y compañía.

La vergüenza y la desaparición están profundamente enraizadas en la cultura japonesa, por lo que reconocer que un hermano o hijo es un *hikikomori* es motivo de profunda vergüenza. En España los números son mucho menores y las razones distintas, pero el trasfondo es similar: sensación de fracaso, hostilidad percibida y vulnerabilidad extrema. La novela *La dependienta*, de Sayaka Murata, muestra con precisión el peso imperativo y superyoico de esos ideales para un sujeto, que los adopta como norma social.

Pero, más allá de las diferencias, hay cuestiones comunes ligadas a lo que autores como la filósofa Martha Nussbaum han llamado cultura de la ultraseguridad o monarquía del miedo. Una cultura que surge en los campus universitarios de los EE. UU. y que ha ido extendiéndose a otros países. Jóvenes que se perciben muy vulnerables (fruto de esas pautas de crianza mencionadas) e hipersensibles. Muchos, además, se autocensuran en sus opiniones públicas para no poner en riesgo sus relaciones. Es el caso de Marc, joven de 20 años que viene a consultarme porque lleva días sin poder ir a la universidad. Se siente inseguro y frágil cuando está en clase. Alguna vez intervino en algún debate político, pero percibió hostilidad ante sus opiniones, por lo que ha decidido no hablar. El problema es que su mutismo no le evita escuchar otras voces discordantes y eso le hiere porque es «demasiado sensible». Finalmente, ha optado por quedarse en casa.

La casuística que vemos de estos jóvenes aislados muestra que no hay un perfil único. Cada joven se aísla con su «juguete particular», como diría Juan Marsé, que constituye su verdadera pareja. Lo que nos lleva a hablar de soledades, en plural, ya que algunas se presentan como más satisfactorias y otras como más mortificantes. Lo común es el acoso que todos sienten respecto a una exigencia —real o imaginaria— que identifican en padres, profesores, iguales o incluso en su propio cuerpo. Para algunos sujetos, el rendimiento escolar es un muro que los confronta a su propia dificultad y ante el cual se sienten impotentes. Su respuesta en términos de «no quiero saber de esa dificultad» los recluye con sus juguetes infantiles, ahora digitalizados.

Para otros, se trata de la irrupción de la novedad de un cuerpo púber sexuado que les resulta enigmático e inquietante. Enigma para el que la solución de «la pandilla», versión clásica para evitar confrontarse solos a la metamorfosis de la pubertad, no les sirve y el aislamiento deviene el tapón que les ahorra el vínculo con una pareja sexual. En una ocasión un paciente me contó su fórmula «exitosa» para tener encuentros sexuales: salir huyendo después para evitar cualquier conversación posterior. Únicamente permaneciendo mudo podía acceder al cuerpo del otro. Cuando había que poner palabras, él no las encontraba y se angustiaba. En muchos casos de adolescentes homosexuales o trans vemos cómo ese despertar sexual que ocultan y encierran en su armario particular los recluye porque piensan —la novela *La mala costumbre*, de Alana S. Portero, es un buen ejemplo de ello— que mostrarlo los conducirá a un ostracismo aún peor.

A veces, el aislamiento es la solución que encuentran para separarse de un goce que perciben en el otro como intrusivo e invasivo, como si el otro quisiera demasiadas cosas de ellos o cosas a las que no estarían dispuestos. La mirada y la voz de ese otro se convierten en objetos que los persiguen y de los cuales deben esconderse, como vimos en el caso de Mario. Ese acoso que perciben por parte de sus iguales les evoca el apremio interno que ellos mismos sienten y les permite, entonces, nombrar ese malestar interno como un ataque externo. Proyectan en los otros la violencia interna y eso justifica su aislamiento social como una defensa.

Las burbujas de odio

Si el aislamiento físico es una forma de encierro, existe otra igualmente dañina: las llamadas «burbujas de odio», a las que ya aludimos hablando de la machosfera. Son comunidades virtuales donde se refuerzan prejuicios y resentimientos contra quienes son percibidos como radicalmente distintos. Allí se legitima el hostigamiento y se construye una falsa superioridad moral.

Se trata de un refugio contra la soledad buscado por aquellos que experimentan algún tipo de desarraigo. Desde los que sienten que «no cuentan para nadie» hasta aquellos que necesitan una brújula firme que los guíe porque temen que, si se quedan solos, perderán el rumbo fácilmente. Para ello, los algoritmos les allanan el camino al proponerles un monitoreo de sus vidas con fórmulas simples y cerradas. De alguna manera, son nuevas formas del *re-ligare* propio de las religiones, que cerraban filas alrededor de sus creencias y disolvían aquello más singular de cada uno en el magma colectivo.

El atractivo de estas comunidades se alimenta también de la nostalgia. Muchos jóvenes miran al pasado con añoranza, idealizando décadas que no vivieron. Series como *Stranger Things* o la música ochentera avivan esa estética retro. No es extraño: cuando la política democrática deja de proyectar futuro y el presente se vuelve opresivo, el pasado resulta más atractivo. Ese caldo de cultivo es aprovechado por movimientos populistas y de extrema derecha, que ligan la nostalgia con la rehabilitación de regímenes autoritarios. En España una cuarta parte de los jóvenes ve preferible en determinadas circunstancias un régimen autoritario y, en las elecciones europeas de 2024, un 20 % de los jóvenes españoles votó a la extrema derecha.[3] En Argentina, Milei recibió el 69 % del voto de los menores de 25 años.

Los populismos ofrecen a estos solitarios una liberación de la culpa por su soledad y fracaso social y les permiten, con sus propuestas emocionales (cuestionando datos y evidencias cien-

3. CIS 2024. «Percepciones sobre la igualdad entre hombres y mujeres y estereotipos de género». [Disponible en línea: https://www.cis.es/documents/d/guest/es3428mar_HyM_A]. *El País* y *Cadena Ser*. «50.º aniversario de la muerte de Franco». Noviembre de 2025. [Disponible en línea: https://cadenaser.com/baleares/2025/11/20/programa-especial-50-aniversario-de-la-muerte-de-franco-radio-mallorca/].

tíficas), sentirse representados y dar un lugar a la ira que les provoca el sentimiento de haber sido humillados. Personajes como Trump, Milei, Vito Quiles en nuestro país y otras nuevas figuras de la ultraderecha digital se autoproclaman «libertarios», pero actúan como emprendedores del caos, disputando la atención mediática mediante escenificaciones calculadas. Su presencia en universidades o plazas obedece a la misma lógica del algoritmo: a más escándalo, más visibilidad obtienen.

Todo ello a pesar de las propuestas racistas y misóginas que hacen, sin pudor alguno. Hay que reconocerles, sin embargo, el mérito de aparentar escuchar a sus votantes con más atención, como hacen el propio Milei y otros populistas que dan *likes* a seguidores desconocidos y comparten sus mensajes. Esa pseudoatención repara su sentimiento de no pertenencia a un sistema donde están poco representados (hay pocos líderes *millennials* o *centennials*) y que, además, da pocas respuestas a su situación precaria.

En estas burbujas, como vimos en apartados anteriores, la misoginia ocupa un lugar central. Damos por hecho que las redes sociales son un espacio común, pero desde el primer día, hombres y mujeres encuentran mundos radicalmente distintos en ellas. Muchos varones jóvenes descubren un cauce para su frustración y soledad. Mientras las chicas se declaran mayoritariamente progresistas y feministas, ellos se sienten desbordados y uno de cada tres cree que se les exige demasiado en nombre de la igualdad. El bajo rendimiento escolar masculino —el doble de repetidores entre los chicos de 15 años respecto a las chicas— intensifica la sensación de agravio.[4]

---

4. Cobreros, L. y Gortázar, L. (2023). «Todo lo que debes saber de PISA 2022 sobre equidad. La equidad educativa en España y sus comunidades autónomas en PISA 2022»,

Según el CIS, uno de cada dos varones españoles de 16 a 24 años considera que la lucha por la igualdad ha llegado tan lejos que discrimina a los hombres. Estos datos deben leerse con prudencia, en el caso de los más jóvenes, ya que se trata de sujetos en construcción identitaria y su opinión no tiene la misma firmeza que la de un sujeto adulto que ya ha concluido en su misoginia. Que un adolescente se queje de ese supuesto «exceso del feminismo» no implica necesariamente que asuma las tesis misóginas.

Lacan recordaba, a propósito de la obra *El despertar de la primavera*, de Franz Wedekind, que los adolescentes despiertan a la sexualidad gracias a sus primeros sueños eróticos. Primero, imaginan una escena de armonía sexual, una fantasía donde ellos encuentran un lugar perfecto. Será luego, en el encuentro real con una pareja, donde aparece el desencaje, se hace evidente esa «no hay relación sexual», y ahí su iniciación a la sexualidad requiere hacerse cargo de esa imposibilidad. No para sumirse en la impotencia, sino para encontrar su fórmula. ¿Qué ocurre —como algunas investigadoras feministas ya se cuestionan[5]— si no les damos el tiempo para recorrer esos dos momentos y precipitamos el segundo descorriendo el velo anticipadamente cuando los acusamos de conductas y hechos que todavía no se han producido? De hecho, es lo que hace el porno que ellos consumen, mostrando a cielo abierto una sexualidad que degrada a la mujer.

Yago, de 13 años, viene malhumorado y me explica que hoy tuvo un altercado en el instituto con una educadora que les dio

---

en *EsadeEcPol Insight* #50, diciembre. [Disponible en línea: https://www.esade.edu/ecpol/es/publicaciones/todo-lo-que-debes-saber-de-pisa-2022-sobre-equidad/].
5. Fraixanet, M. (coord.) (2025). *La reacción neomachista tras la cuarta ola feminista*, ICPS, Barcelona.

una charla sobre sexoafectividad. Una de las primeras cosas que les dijo —«Y ni siquiera nos conoce», se lamenta— es que «los chicos éramos violadores en potencia y machistas». Él mira porno, como sus amigos, se masturba y tiene sueños eróticos. Le gusta una chica, pero no se decide —«me da corte por si me dice que no»— a pedirle nada. ¿Contribuiremos también nosotros, adultos, atribuyéndoles responsabilidades anticipadas por hechos aún no producidos?

Los jóvenes que se encierran en casa y los que se agrupan en burbujas de odio comparten un mismo trasfondo: la soledad. En unos casos esta se traduce en aislamiento físico; en otros, en pertenencia a comunidades uniformes que disuelven lo singular. Ambas fórmulas son respuestas fallidas.

Los más vulnerables —en especial los varones— tienden a estas salidas comunitarias falsas, que recuerdan peligrosamente a experiencias históricas como las juventudes hitlerianas. La soledad, cuando no encuentra espacios de vínculo sano, puede convertirse en la antesala del odio organizado. Y eso es algo que, como sociedad, deberíamos evitar.

6. Construir una nueva soledad

> –Tía, háblame; tengo miedo.
> –¿Y de qué te sirve que te hable, si de todas maneras
> no me ves?
> –Hay más luz cuando alguien habla.
>
> Sigmund Freud, *La Angustia*

«Nunca imaginé, al venir aquí, que la carga más pesada fuera la soledad. En mi país siempre me las apañé bien sola: la universidad, los amigos... apenas pasaba por casa». Selena, de 32 años, consulta por la tristeza que la invade por las noches. Lleva unos meses en España y, aunque ya tiene trabajo y una pequeña red social, no encuentra la buena manera para estar a solas. Cuando le pregunto por sus proyectos, responde con firmeza: «Quiero construir mi vida aquí, tener pareja, hijos... pero necesito quitarme de encima esa nostalgia que me vuelve cada noche como un reclamo». Como docente, su principal herramienta de trabajo es la palabra y, sin embargo, es justamente eso lo que le falta para apaciguar el apremio que siente.

La soledad es una experiencia íntima que solo se transmite a través de la palabra; por eso, sentirse solo en la era del yo suena de un modo distinto al de otras épocas o culturas menos individualistas. La forma en que expresamos ese sentimiento modula y condiciona la experiencia misma. Hoy evoca un malestar paradójico: vivimos hiperconectados, pero olvidamos la dimensión positiva y creadora de estar solos.

Este malestar, como vimos en los capítulos anteriores, adopta múltiples rostros. Está la soledad no deseada, la que afecta a quienes carecen de vínculos por razones de salud, edad, procedencia o discapacidad: un aislamiento impuesto que limita el encuentro con el otro. También existe la soledad buscada, fruto de percibir el mundo como un lugar hostil. Y está el sentimiento de soledad, diferente del aislamiento, una vivencia íntima de hallarse solo frente a las dificultades de la vida y que atraviesa todas las edades, aunque golpee con particular fuerza a adolescentes y jóvenes. Se observa que las mujeres suelen manejarla mejor que los hombres, en parte por su mayor facilidad para ponerla en palabras y compartirla.

Que se hable de «epidemia» ya nos dice mucho: la soledad se contagia, especialmente en las ciudades donde proliferan los no-lugares, rodeándonos de otros solitarios. Las soluciones propuestas son numerosas, pero ninguna elimina el malestar por completo. La vieja promesa digital del *Connecting People* fracasó: las conexiones se multiplican, pero no generan vínculos. Los más hiperconectados al *gadget* suelen ser los más aislados del otro, buscando en la pantalla un remedio que solo agranda el vacío.

El ideal contemporáneo de lo «híper» —hiperactividad, hiperconexión, hipersexualización, hiperconsumo— produce un cansancio infinito y un apetito imposible de saciar. La saturación no calma al superyó voraz; solo intensifica el vacío.

Como acabamos de ver, encerrarse en burbujas virtuales tampoco resuelve nada, pues su «solución» pasa, a menudo, por fomentar el odio hacia alguna especie de enemigo, y los jóvenes que se refugian en ellas pagan el precio de perder su singularidad. Por eso conviene imaginar un pacto social que permita a los jóvenes convertirse en agentes activos capaces de tejer vínculos más débiles pero diversos, abriendo espacios comunes que rompan con las burbujas sólidas del odio.

Las otras soluciones digitales —*apps* de citas, chatbots, robots de compañía, redes sociales— pueden tener efectos terapéuticos, pero alcanzan pronto su límite y exponen al sujeto vulnerable a nuevas dependencias emocionales.[1]

Frente a estas falsas salidas, aparece la creación. Los jóvenes, artesanos de lenguajes inéditos, inventan modos de transformar la soledad en lazo: música, danza, escritura, rap, tatuajes, fotografía, moda. No deberíamos reducirlos a sus supuestos déficits —«agresivos», «adictos», «autistas»— porque eso los abandona aún más a su sufrimiento. Más bien, habría que reconocer en sus invenciones la posibilidad de nuevos lazos y un lenguaje vivo para expresar el malestar. También los adultos encuentran en clubes de lectura y otras formas asociativas vínculos más sólidos que las conexiones virtuales.[2]

La soledad, en última instancia, forma parte de la condición humana. Ningún Otro puede salvarnos de nosotros mismos; esa es una tarea intransferible. Aprender a estar solos no excluye compartir

---

1. Li, H., Zhang, R., Lee, YC. *et al.* (2023). «Systematic review and meta-analysis of AI-based conversational agents for promoting mental health and well-being», en *Digit. Med.*, 6, 236. [Disponible en línea: https://www.nature.com/articles/s41746-023-00979-5].

2. Un error de los discursos de la izquierda es mostrarse reactivos sin tener el control simbólico ni la eficacia comunicativa de los populismos de extrema derecha. Los progresistas no disputan el relato, sino que responden a él, entrando en la lógica del adversario. Mientras los ultras se dirigen a los jóvenes aplaudiéndoles y animándolos con falsas promesas de éxito, la izquierda reacciona a la provocación denunciado esa falsedad y al hacerlo refuerza su visibilidad. Parte del éxito de Zohran Mamdani en su elección como alcalde de Nueva York se debió a un buen uso de esa emocionalidad, sin falsear la realidad, pero arriesgando en promesas de un mejor futuro colectivo.

deseos y proyectos, pero sí recuerda que asumir lo imposible —y no el engañoso *Impossible is nothing*— permite lo posible con otros.

La soledad fecunda es la que permite separarnos de aquello que nos aliena —*gadgets*, tóxicos, comunidades digitales misóginas— y reencontrarnos con nuestros propios deseos. Exige un trabajo personal porque el sentimiento de soledad (otra cosa es la soledad no deseada) no nace de la ausencia del otro, sino de la imposibilidad de pensarnos solos en relación con nosotros mismos y con el mundo.

Construir con otros la soledad

¿Cómo acompañar a quienes se sienten solos? Muchas políticas entienden la soledad como mera falta del otro y proponen encuentros colectivos. Estudios realizados en Japón[3] y Corea[4] muestran que las personas mayores que comen solas tienen una probabilidad significativamente mayor de desarrollar síntomas depresivos, especialmente quienes viven con otros, pero no comparten mesa. La *commensality*, el simple acto de comer en compañía, funciona como un factor protector.

Estas soluciones comunitarias son un buen inicio, pero insuficientes: no atienden a la singularidad de cada aislamiento ni a

3. Tani Y., Sasaki Y., Haseda M., Kondo K., y Kondo N. (2015). «Eating alone and depression in older men and women by cohabitation status: The JAGES longitudinal survey», en *Age Ageing*, noviembre; 44(6), págs.1019-26. [Disponible en línea: https://pubmed.ncbi.nlm.nih.gov/26504120/].
4. Son, Y.H., Oh, S.S., Jang, SI. *et al.* (2020). «Association between commensality with depression and suicidal ideation of Korean adults: the sixth and seventh», Korean National Health and Nutrition Examination Survey, 2013, 2015, 2017. *Nutrition Journal*, 19, 131. [Disponible en línea: https://link.springer.com/article/10.1186/s12937-020-00650-9].

lo que cada uno oculta de sí mismo. Por eso algunas comunidades de solitarios derivan en burbujas de odio que refuerzan la desconexión. Otros incluso se recrean en su aislamiento para evitar enfrentarse al vínculo.

Reconciliarlos con lo extranjero de sí mismos implica ayudarles a contactar con aquello propio en lo que no se reconocen. Eso facilita vivir la soledad sin aislamiento ni segregación. De ahí la necesidad de recuperar en instituciones —escolares, sanitarias, sociales— rituales de acogida que, a diferencia de formularios y protocolos digitales, comprometan el cuerpo y la palabra, generando vínculos auténticos. Acoger no es clasificar ni evaluar, sino hacer un lugar al otro. Como señala Marina Garcés en su último libro, hacerse consciente de la propia soledad implica poner en juego el deseo y la posibilidad de la amistad, como creación surgida de esa soledad reconocida y asumida.

Tras la desescalada de la Covid, cuando volvimos a vernos presencialmente, tuve ocasión —en la institución donde trabajaba— de reunirme con adultos, jóvenes y profesionales para hablar sobre lo que había supuesto el confinamiento. Les propuse identificar primero su pérdida más dolorosa. Algunos evocaron fallecidos o enfermos graves; otros, planes truncados, viajes cancelados, estudios interrumpidos; muchos señalaron la angustia del contagio... y casi todos mencionaron un sentimiento inquietante de soledad, incluso aquellos que habían estado acompañados. Volver a encontrarnos cara a cara, alrededor de una mesa y un café, fue un sencillo ritual de acogida para iniciar el duelo y pensar juntos cómo seguir con nuestras vidas.

En el caso de los jóvenes, conviene promover conversaciones a partir de los interrogantes que atraviesan su día a día: amistad, sexualidad, política, familia, futuro. Sería una ilusión pensar que ya tenemos las respuestas, o que la tecnología —incluida la IA— puede proporcionarlas. Han Kang, Premio Nobel de Literatura 2024, lo resume bien en *La vegetariana*: «Hacer preguntas, eso es para mí escribir. No escribo respuestas; simplemente me esfuerzo por redondear las preguntas. Trato de permanecer mucho tiempo dentro de ellas».

Donald Trump, durante su discurso de la victoria en el parlamento israelí, confesó que su amigo Steve Witkoff no sabía nada de Oriente Medio cuando fue a la región a negociar un alto el fuego en Gaza. También admitió que no tenía ni idea de Rusia cuando lo envió a Moscú a verse con Putin para tratar de solucionar la guerra de Ucrania. No importa. Witkoff, magnate inmobiliario con el que había hecho varios negocios, «era un gran negociador —dijo—, además de un gran tipo». «Cae bien a todo el mundo», aseguró entre el aplauso de los diputados. Es evidente que ninguno de los dos se hizo demasiadas preguntas por la naturaleza del conflicto porque ellos ya tenían las «respuestas adecuadas».

Vivimos en tiempos de emergencia —climática, política, digital— en los que las respuestas suelen preceder a las preguntas. Esa deriva erosiona el espíritu crítico y nuestra capacidad de invención. Compramos *gadgets* y usamos IA sin preguntarnos cómo se conectan con nuestro deseo. Nos dejamos llevar —fluimos, como se dice ahora— y les entregamos nuestra atención. Nos convertimos en sus rehenes a cambio de las falsas promesas de felicidad y facilidad que nos proponen alegremente. Incluso, los propios pacientes vienen con su autodiagnóstico, muchas veces extraído de los miles de canales en las redes sociales. Son los nuevos ritos de bautismo social en una época de identidades evanescentes.

Una comunidad de soledades

El psicoanalista Jacques-Alain Miller propone una fórmula paradójica para pensar el funcionamiento de una Escuela de psicoanálisis, que puede ayudarnos a pensar el vínculo con los otros. Considera la Escuela como una formación colectiva que no pretende borrar la soledad subjetiva, sino fundarse en ella. Se trata de una apuesta basada en que es posible una comunidad entre sujetos cuya causa no se disuelve en lo colectivo, sino que se funda y se experimenta a nivel de la propia soledad. Esta «comunidad de soledades» evita tanto el aislamiento cínico de quien se siente cómodo lejos de los otros como la formación de pequeños grupos de poder que funcionan como burbujas segregadoras. Solos, sí, pero vinculados por una causa que hace comunidad.

La propuesta muestra que es posible conjugar soledad y comunidad, siempre que una no anule a la otra. De ahí que el encuentro con un psicoanalista invite a aliviar la soledad, ayudando al sujeto a *decirse a sí mismo*, a dar forma a su enigma, a conocer algo más de esos hilos que tejen su propia soledad. No se trata de negar el síntoma y el dolor que puede causarle, sino de escucharlo y convertirlo en un recurso expresivo. Eso exige la presencia: lo digital solo es valioso cuando evoca o complementa, no cuando sustituye el encuentro presencial. Podemos conectarnos para una reunión de trabajo o una charla familiar o de amigos, pero el vínculo solo surgirá cuando esa conexión venga precedida y/o seguida de encuentros presenciales. La conexión los evocará porque la presencia y el tiempo aseguran el vínculo.

Frente a la alienación digital, podemos recuperar la serenidad ante la técnica de la que hablaba Heidegger. Regular el uso de la tecnología —desde gobiernos y escuelas hasta familias e industria— es clave para rescatar la atención secuestrada por las pantallas. Por otro lado, Simone Weil también ofrece una idea luminosa sobre la atención: «Consiste en suspender el pensamiento, en dejarlo disponible, vacío y penetrable al objeto».

Recuperar la atención, y con ello el vínculo, exige pensar en alternativas a la creciente dependencia de la IA, otras opciones que no renuncien ni al pensamiento crítico ni al control de los datos. Una de ellas es la IR, la Inteligencia en Red: un viejo «software» humano basado en la conversación, preferentemente presencial, que no requiere más dispositivos que la palabra y el cuerpo. Las generaciones más jóvenes apenas lo conocen: una parte significativa nunca ha hecho una llamada telefónica y se comunica casi exclusivamente mediante audios, mensajes breves o emoticonos.

La IR nos recuerda algo tan elemental como olvidado: conversar entre nosotros —entre la red próxima, familiar, social o profesional— sigue siendo una de las mejores formas de elaborar conocimiento colectivo, ya sea en ámbitos profesionales o en nuestras relaciones personales. No se trata del *blablablá*. Conversar exige escuchar, pensar lo que se dice y extraer conclusiones. Todo eso se aprende con la práctica. A diferencia de la IA, la IR no nos ahorra el esfuerzo de pensar, pero a cambio nos hace menos vulnerables y más responsables de nosotros mismos y de los otros.

La IR no aspira a eliminar la complejidad, sino a familiarizarse con ella. A aprender a habitar esa «inquietante extrañeza» que, en ocasiones, nos paraliza o nos empuja a expulsar lo diferente y a atribuir al otro todos los males. Los detalles, como las formas, siempre cuentan. Y en ese terreno la IR supera con creces a la IA. Admite que no lo sabe todo, que siempre hay algo pendiente de resolver. Esa falta no es un defecto, sino la condición misma del deseo: que quede un vacío por colmar o un anhelo por realizar. Tal vez el verdadero debate en las escuelas no sea si usar dispositivos o no, sino si seguiremos confiando en el poder de la palabra y en la eficacia —imperfecta, pero humana— de la conversación, o si preferimos entregarnos definitivamente a la adoración del Algoritmo.

Cuando suspendemos las certezas apresuradas, esas que la IA nos brinda de manera inmediata, estamos disponibles para percibir conexiones y matices que antes no veíamos. No se trata de recuperar la atención secuestrada con técnicas que fuercen la concentración, sino más bien de crear el espacio interior donde pueda aparecer lo que buscamos. Atender es, en gran medida, una manera de esperar y comprender. Desconexión, alfabetización digital y alternativas presenciales colectivas forman parte también de ese camino.

Solo el deseo —al que también recurre Weil— puede poner límites a lo tóxico, introduciendo una falta, un intervalo sin objetos que le permita surgir y renovarse. Cuando todo está lleno, no queda lugar para el deseo ni para el amor. El sujeto se diluye hasta convertirse en consumidor y consumible, como muestran los adictos al porno o a otras sustancias.

Estamos saturados de eventos, a veces hipersocializados, pero privados de auténticas experiencias vitales en el sentido que le daba al término Walter Benjamin: no simples vivencias, sino elaboraciones que se transforman en relatos significativos para otros. El psicoanálisis recuerda que el deseo es el antídoto frente al veneno simbólico del exceso y que, a través suyo, podemos reconquistar la dignidad y transformar el malestar en saber. Sin él, perdemos el lazo con el otro y es entonces cuando la soledad nos paraliza y desorienta.

Conjugar presencia, atención y deseo es la clave. Estar atentos y guiados por un deseo de vivir: solo así podremos evitar el aislamiento y transformar nuestro malestar en un saber propio, no delegado en ningún algoritmo, que nos permita ser capaces de construir —no sin los otros— una nueva soledad.

EPÍLOGO: ESCRIBIR LA SOLEDAD

> La escritura de un libro, lo escrito, es siempre la puerta
> abierta hacia el abandono. El suicidio está en la soledad
> de un escritor. Una está sola incluso en su propia soledad.
> Siempre inconcebible. Siempre peligrosa. Sí. Un precio que
> hay que pagar por haber osado salir y gritar.
>
> MARGUERITE DURAS, *Escribir*

Cuando veo por primera vez a Yerai, me habla de su reciente ruptura amorosa. Lo hace con los ojos húmedos, a pesar de que han pasado ya dos meses desde la separación. Le duele por todas las expectativas depositadas, por esa comprensión mutua que los sostenía, y que la distancia terminó por erosionar. Al preguntarle por su ánimo, saca un cuaderno de su mochila y me muestra algunas páginas: «Es una especie de diario que llevo para sentirme menos solo».

Me lee un fragmento de una carta que nunca llegó a enviar. Hay reproches, preguntas, palabras de amor. «Sé que no leerá lo que escribo —dice—, pero necesito hacerlo porque, a veces, por las noches, me vienen las ideas oscuras». Yerai consulta, por sugerencia de sus padres, debido a algunas ideaciones suicidas, no muy frecuentes, pero acompañadas de otros signos de abandono de sí mismo.

La escritora Marguerite Duras sabe bien de qué habla cuando enlaza suicidio, soledad y escritura. La soledad necesita a quien la escriba, aun con el riesgo que esto implica, como nos recuerda la autora: «Una está sola incluso en su propia soledad. Siempre inconcebible. Siempre peligrosa». Para ella —como para todo aquel que escribe— la literatura es un tratamiento de lo íntimo, y por ello, de lo más doloroso: aquello que no encuentra palabras para ser dicho. Por eso cuesta escribir, y por eso se necesita tiempo para hallar la propia voz: «Escribir. No puedo. Nadie puede. Es necesario decir: no se puede. Y se escribe».

Lacan también señalaba que hablar tiene que ver con la soledad, con aquello que no puede escribirse —como insiste Duras— porque no existen las palabras adecuadas. Y es precisamente por esa falta de palabras que no nos queda otra opción que intentar escribir algo que dé forma a esa soledad. Ella lo expresa poéticamente cuando confiesa hallarse en un agujero, en una soledad casi total «y descubrir que solo la escritura te salvará».

Lacan rinde homenaje a la escritora en su *Homenaje a Marguerite Duras*. Allí recuerda la tesis de Freud de que el artista siempre precede al psicoanalista y le abre camino: «Esto es precisamente lo que reconozco en el arrobamiento de Lol V. Stein, en el que Marguerite Duras revela saber sin mí lo que yo enseño».

Al igual que Duras, muchos otros creadores nos han mostrado cómo en el origen de su obra hay palabras claves que los acompañaron desde la infancia y les permitieron sentirse menos solos, más conectados a sí mismos. A menudo, sin comprender del todo su sentido, esas palabras funcionaban como faros que iluminaban una parte del camino, aunque necesitaron de su obra —de sus creaciones— para tejer un relato propio. Esas primeras palabras, imágenes e impresiones constituyen la base pulsional de la creación y, por tanto, el primer y mejor antídoto contra la soledad.

El arquitecto Frank Gehry lo ilustra en uno de sus edificios más singulares: el Museo Guggenheim de Bilbao. Su creación —según el lúcido análisis del psicoanalista Éric Laurent— tiene su fundamento en un trauma infantil. De niño, Gehry acompañaba a su abuela al mercado a comprar carpas para cocinar el *gefilte fish*, plato emblemático de la gastronomía judía asquenazí. La abuela colocaba la carpa viva en la bañera hasta el momento de cocinarla, y al niño le fascinaban sus escamas y los juegos de luz que se producían sobre el cuerpo del pez en el agua.

A partir de esa experiencia traumática, el artista «inventa» una creación que luego ofrece a todos. Su obra no es sino la multiplicación de las escamas de aquella carpa, con las que —como señala Laurent— «el artista nos fascina ahora haciéndonos compartir la experiencia traumática del encuentro con una carpa».

Otro creador, Pablo Picasso, quedó marcado también por una serie de acontecimientos traumáticos: su propio nacimiento, en el que estuvo a punto de morir, o la muerte precoz de su hermana. La soledad fue un tema central y recurrente tanto en su vida como en su obra, especialmente visible en su Período Azul (1901-1904), tras el suicidio de su amigo Casagemas, donde refleja dolor, pobreza y marginalidad mediante tonos fríos y figuras alargadas. Su posterior pasión por la pintura, su vitalidad e intensidad, así como su interés especial por el cuerpo humano constituyeron ya un tratamiento de esa muerte entrevista y del lugar en que quedo situado dentro de su familia. John Berger, en su ensayo *Fama y soledad de Picasso*, subraya que la dificultad de Picasso fue siempre tener que formularse la pregunta «¿qué pintaré?» y tener que responderla, una y otra vez, en soledad.

Truman Capote se refirió a su amigo Andy Warhol como «el hombre más solo que he conocido nunca». Warhol fue un niño tímido y torturado por la conciencia de su incapacidad: nariz bulbosa, acné, acento extranjero (sus padres eran emigrantes de Rutenia) y un farfulleo habitual que lo dejaban en una soledad difícil para él. Su obra apunta a borrar esa diferencia hiriente apostando por la semejanza, tan explícita en su serie de serigrafías donde se repiten las imágenes de famosos o de objetos cotidianos. «Creo que a todo el mundo debería gustarle todo el mundo» era su lema, y gracias a su obra logró transformar su vulnerabilidad en una virtud. Con sus excentricidades y sus creaciones artísticas consiguió neutralizar la burla del otro (de eso ya se encargaba él personalmente) al tiempo que elevaba cualquier objeto vulgar a la dignidad de una obra de arte: «del basurero al libro». El recurso a las máquinas (grabadoras, cámaras) fue la fórmula que encontró para abordar al otro evitando la soledad y, al tiempo, protegiendo su intimidad. Anticipó, así, los usos digitales posteriores como los de Manu.

Los jóvenes como Manu, con cuya historia abríamos este libro, necesitan especialmente la creación, porque en la adolescencia lo pulsional irrumpe en primer plano. El cuerpo púber ya no es el cuerpo hablado y cuidado por los otros: ahora es un cuerpo que habla, que grita y que, además, no siempre resulta comprensible. Su enigma lo vuelve inquietante, ya que la lengua familiar —la que recibimos y adoptamos— se revela insuficiente para decir de manera auténtica lo que se experimenta en el cuerpo.

Manu necesita adoptar otra lengua, otro estilo de vestir y de presentarse. Las redes sociales le ofrecen múltiples modelos a través de sus *influencers*. Sin embargo, la clave para habitar su soledad —ese sentimiento de exilio respecto a la lengua adulta que ya no lo representa y, al mismo tiempo, de exilio respecto a su propia satisfacción, ahora extraña, apremiante y huidiza— es la creación. En las fotografías de Manu hay mucho más que imágenes bellas o sugerentes: aparecen también sus anhelos de futuro ligados al trabajo, a los amigos o a la pareja. Esas fotografías le permiten tomar una perspectiva más amable e interesante de sí mismo. Le añaden algo propio a la serie familiar. No es casual que su padrino haya sido su primer *influencer* como profesional audiovisual. Las imágenes que capta son su carta de presentación para encontrar un lugar entre los otros.

En mi caso, como psicoanalista, intento colaborar para que cada quien encuentre su síntoma inventivo: aquello que lo acompaña y lo vincula con los otros. Como escritor, trato de dar forma a mi propia soledad, bordeándola con las palabras que encuentro. Nunca serán suficientes. Sé —como nos recuerdan Lacan y Duras— que escribir tiene siempre algo de imposible. Por eso insistimos en juntar palabras: para estar, como el niño de la cita de Freud, un poco menos solos.

Terminar este libro con un anexo de sugerencias literarias no es, pues, inocente. Son ellos, los escritores y escritoras, los que nos desbrozan con sus ficciones la senda que permite a cada uno habitar su soledad, con menos autoengaños y más deseo de vínculos.

La literatura sobre la soledad es vastísima; atraviesa épocas, estilos y géneros. Aquí he hecho una selección —deliberadamente arbitraria, guiada por mis gustos y mi experiencia lectora— que acompaña la lectura de cada uno de los capítulos de este libro. Las obras comentadas representan solo una mínima parte de los relatos en los que miles de escritores han intentado rozar su propia soledad, y tienen un objetivo doble. Por un lado, enriquecer, mediante el ejemplo de obras literarias, la discusión en torno algunos de los problemas que han aparecido en las distintas secciones de este trabajo. De ahí que haya ordenado las obras en cuestión en función de su pertinencia a cada uno de los apartados que han ido apareciendo hasta ahora. Y, por otro, ilustrar la manera en que escritores y escritoras de todo el globo catalizan su soledad a través del arte.

Cada obra ofrece una experiencia singular de ese desamparo y muestra el esfuerzo poético —como el que hacía Giulia en su cuaderno de recetas— para darle forma. Las propongo como un pequeño aperitivo que cada lector o lectora sabrá saborear antes de continuar su propio banquete literario.

Anexo: Islas, pantallas y burbujas: o cómo la literatura narra la soledad

¿Más solos que nunca?

La anónima protagonista de *Ocaso y satisfacción*, novela de Eva Baltasar, es una solitaria que vive en un mundo hostil, un paradigma de nuestra época de individuos flotantes. Pedagoga de formación, se ve abocada a la precariedad extrema y se sostiene como puede limpiando las casas de otros, ella que no tiene donde caerse muerta: «tenía 27 años y estaba acabada, con un sueldo miserable». Sin apenas amigos ni red social, es acogida temporalmente por una mujer: «Saber que yo formaba parte de sus planes, aunque fuese de manera eventual, me hacía sentir segura».

Más allá del desamparo social, que aboca a muchos trabajadores a una precariedad insoportable, hay en ella algo íntimo que la aleja de los otros: «no imagino para mí otro mundo que el santuario incorruptible de casa». Cuando los otros se acercan, ella se tapa los oídos o mira para otro lado. Se refugia en un aislamiento que le evita confrontarse a lo que ella nombra como su incompetencia: «si la vida iba de tomar decisiones, las mías habían sido desacertadas». Su soledad social es la imposibilidad de entender algo de esas decisiones: «Mi vida era una construcción frágil, inestable, un surtido de errores que no comprendía».

Suzanne, la protagonista de ***Suzanne y el Pacífico***, novela de Jean Giraudoux, es una suerte de alter ego femenino de Robinson Crusoe. Ella huye de la guerra refugiándose en una isla del Pacífico, solo para descubrir que la soledad también puede aburrir. Tampoco ella puede, en ese estado solitario, estar a solas consigo misma ni prescindir del mundo, al que vuelve tras la pausa «solitaria».

Hacia rutas salvajes, de Jon Krakauer, narra la historia del joven Chris McCandless, perteneciente a una acomodada familia de Virginia que, tras graduarse en la Universidad, desapareció en 1990 sin dejar rastro. Donó todo el dinero y sus pertenencias y sin más se lanzó a una aventura sin rumbo fijo en dirección oeste. Cambió de nombre para dejar atrás un pasado doloroso y se encarnó en Alexander Supertramp, un hombre que sería dueño de su propio destino en Alaska, capaz de sobrevivir en un medio extremo en pleno contacto con la naturaleza, respirando libertad absoluta y «no mostraba más que desprecio por las convenciones burguesas que caracterizan a la mayor parte de la sociedad estadounidense». Necesitaba conocer su interior, y para él no existía mejor forma de hacerlo que esta. Un tiempo después lo encontraron muerto por inanición, dejando abierta la pregunta sobre ese peso asfixiante del que huía —como si fuera posible huir de uno mismo— y que lo condujo a una extrema soledad.

Henry David Thoreau, autor de ***Walden***, vivió dos años, dos meses y dos días en una cabaña rudimentaria que él mismo construyó, cerca del lago Walden en Concord (Massachusetts) a tan solo 20 minutos de su casa. En esta obra Thoreau narra su experimento de vivir inmerso en la naturaleza y llevar una vida solitaria, marcada por la simplicidad y contemplación. De esta forma, narra, podría encontrar lo realmente esencial para vivir. Publicada en 1854, sigue siendo relevante en la actualidad por su cuestionamiento a la aceleración de la vida moderna, la necesidad de introspección y la importancia de la conexión con la naturaleza. La soledad segregada —con la que él se distancia del resto de los humanos: «la mayoría de los hombres lleva vidas de tranquila desesperación»— se presenta como una respuesta fallida puesto que a los dos años vuelve a esa misma sociedad a la que nunca dejó de visitar desde la cabaña para compartir conversaciones y cervezas. Parece más una fórmula paliativa que una estrategia sólida, a pesar de la enorme influencia que la obra ha tenido en muchas generaciones posteriores.

Vidas hiperactivadas, sujetos hiperconectados

La mala costumbre, obra de Alana S. Portero, describe la soledad de una niña encerrada en un cuerpo de niño sin poder hablar de ello: «las palabras nunca acababan de salir y no tenía herramientas para gestionar algo tan complicado que yo misma me esforzaba por enterrar en la fosa común de las vergüenzas». Su infancia y primera adolescencia fueron «años de práctica clandestina», sentirse sola sin poder hablarle al otro le suponía «un límite asfixiante, una escafandra que me mantenía aislada en el fondo de un mar muerto». Y esa experiencia de soledad solo le permitía anticipar lo peor: «una romería interminable de fantasmas que nos iba a acompañar el resto de nuestro camino». Como leemos en otros testimonios de sujetos trans, su sentirse diferentes los aparta del mundo hasta el punto que —como dice la narradora— «podía ver la vida, pero de nuevo no podía tocarla».

Héroes, la novela de Ray Loriga, es una ficción onírica. Narra, en primera persona, las vicisitudes, fantasías y temores de un joven encerrado voluntariamente en su cuarto para «buscar mis propias señales». Lo híper se muestra en el exceso de sueños donde se mezcla el sexo, las drogas, el *rock & roll*, la velocidad y el frenesí de un cuerpo fragmentado, sin identidad a la que agarrarse cuando los sueños se desvanecen: «Recuerdo las mañanas más que las noches y estar desarticulado, como uno de esos muñecos del cuerpo humano en los que había que ir montando todas las piezas». Con el telón de fondo de la tristeza y la muerte, trata de componer en soledad el puzzle de la vida que no tiene: «no es fácil que confíes en ti mismo cuando todos confían en que seas alguna otra cosa distinta». La soledad son sus propios demonios «que vuelven a visitarte». Al final, apunta alguna salida menos aislada: «A veces me imagino con una mujer y un niño corriendo por la casa. ¿Quién voy a ser yo entonces?».

La metamorfosis, de Franz Kafka, lleva inscrita la soledad en el nombre de su protagonista, Gregor Samsa. A pesar de que la obra fue escrita en alemán, el apellido del personaje parece ser checo, pues se refiere al verbo *jsem sám*, que significa «estar solo». El encierro de Gregor Samsa es particular puesto que él mismo parece proveerse, en esa extraña metamorfosis, de un caparazón de insecto, luego de despertarse de un sueño tranquilo. Su nuevo estado deshumanizado le impide comunicarse y convivir con su propia familia, cuya respuesta pasa del horror a la compasión y, finalmente, al repudio. Su encierro es también un rechazo a un mundo donde «las relaciones cambian de continuo, no duran nunca, no llegan nunca a ser verdaderamente cordiales, y en el que el corazón nunca puede tener parte».

La soledad se le presenta como un refugio que, al tiempo, implica su propia desaparición: «Comprendió Gregor que la falta de toda relación humana directa, unida a la monotonía de la existencia que llevaba entre los suyos, había debido trastornar su inteligencia en aquellos dos meses, pues, de otro modo, no podía explicarse que él hubiese deseado ver vaciar su habitación». Ese vaciamiento progresivo incluye los recuerdos de las pocas personas con las que había establecido algún vínculo afectivo: «todas estas personas aparecíansele confundidas con otras extrañas ha tiempo olvidadas; mas ninguna podía prestarle ayuda, ni a él ni a los suyos. Eran todas inasequibles, y se sentía aliviado cuando lograba desechar su recuerdo».

Michael K es el protagonista de **Vida y época de Michael K**, novela de John M. Coetzee. Marcado por una malformación congénita y por su internamiento durante buena parte de la infancia, apenas tenía amigos y «estaba más cómodo solo». Su soledad es la de aquel que no tiene nada que transmitir porque después de tantos años «todavía parezco un huérfano». Nunca supo cómo tratar a las mujeres y solo el cultivo y la jardinería le permiten pensar que esa soledad no lo segrega por completo: «soy como una hormiga que no sabe dónde está su hormiguero... soy un jardinero porque esta es mi naturaleza».

Solito, de Javier Zamora, narra en prosa la epopeya de un niño que cruza solo una frontera para encontrar a sus padres: «Mañana El Abuelo se va y te vas a quedar solo... —Solo. Me cruje el estómago cuando ella dice eso». La soledad de este niño toma la forma del desamparo y del rechazo al inmigrante: «Abuelito Chepe no está aquí para hablar conmigo antes de dormir, o para ir a caminar y explorar el pueblo, y por eso me siento solo, solitario, bien solo, solito, solito de verdad». Tiene la compañía de otros migrantes, pero le faltan esas palabras con las que habitar su soledad.

Las paradojas de la soledad

Elena, la protagonista de *La soledad era esto*, novela de Juan José Millás, no es una mujer aislada, aunque sea parca en sus lazos sociales. Ella se siente sola, si bien no puede evitar la compañía insistente de un objeto extraño que convive con ella y atraviesa su cuerpo de arriba abajo: una bola que le causa dolores intestinales, náuseas, vómitos. Cuando la angustia escala a cimas altas, cae desmayada, desaparece. Entra en lo que Lacan llamó el *fading* (desvanecimiento) del sujeto, que se despoja de la seguridad que le ofrecen sus creencias fantasmáticas para enfrentar la certeza de lo real. Elena no tiene referencias, su nacimiento mismo y su ser en el mundo es un enigma, para ella y para su madre. La soledad era esto: «encontrarte de súbito en un mundo como si acabaras de llegar de otro planeta del que no sabes por qué has sido expulsada».

Su refugio frente a esa soledad de vivir son los tóxicos: hachís y alcohol, hasta que inicia una relación, profesional pero subjetiva, con un detective que termina por constituir su referencia más sólida: «me reconstruye un poco, me articula, me devuelve una imagen unitaria y sólida de mí misma». Se hace mirar por él y lo seduce para tener una respuesta a la pregunta que la atormenta: ¿qué soy yo para el otro? Millás disecciona, de manera magistral, las coordenadas de esta soledad que hace pareja con su antípoda, una madre también fría, que «me mostró el estrecho pasillo y las mezquinas habitaciones por las que debería discurrir mi existencia, pero al mismo tiempo me dio un mundo para soportar ese encierro o para hacerlo estallar en mil pedazos». La salida es una elección a la «que tarde o temprano hay que enfrentarse si queremos que vivir continúe mereciendo la pena».

Tsukuru Tazaki, protagonista de *Los años de peregrinación del chico sin color*, novela de Haruki Murakami, vive solo en su apartamento de Tokio, pero no está aislado. Ha tenido tres novias y mantiene buena relación con sus compañeros de trabajo. Su soledad es un enigma, el misterio de lo que él mismo no sabe y que su actual novia le apremia a resolver: «la pieza que explique lo que no sabes, lo que no entiendes». Marcado por un sorprendente y brusco final de su pandilla adolescente, él se identifica al vacío de sí mismo: «soy de un color indefinido, sin nada que ofrecer a los demás, un recipiente vacío».

Falto de identificaciones paternas sólidas, le queda el nombre propio, Tsukuru (el que crea) a partir del cual encuentra un destino de constructor de estaciones de ferrocarril. Acude a menudo en sus paseos solitarios a verlas, fascinado por esos trenes que entran y salen, en un constante llenado y vaciado de los vagones. El color que le falta, «un paisaje sin color», es el color del deseo que evita siempre con su soledad, hasta que finalmente decide ocuparse de ello consciente de que la vida pasa y se va en esos trenes.

«**Vivir sola**» es un cuento maravilloso de Vivian Gornick que muestra muy bien las paradojas de la soledad: «Estábamos siempre juntos. Y no porque disfrutáramos de la compañía, nada más lejos, era solamente porque no soportábamos estar separados». La narradora ha pasado por diversos estados: pareja, sola, compartiendo piso y es consciente de que «la soledad es la condición humana que menos se presta al análisis fácil».

Descubre, en su matrimonio, que la angustia se parece demasiado a la entrega y que la «sola idea del amor se me antojó una invasión». Eso le permite pasar del sentirse sola al aprender a estar a solas porque admite que la soledad es incurable. Se trata entonces de plantarle cara a lo que ella define como lo característico de la soledad: «la evaporación de la vida interior». Ignorarse a sí mismo te condena a la soledad.

«Wakefield», cuento magistral de N. Hawthorne, relata la «rareza» del protagonista, que se despide de su mujer para vivir 20 años solo en la calle de al lado y reaparecer luego como si nada. Esa conducta da cuenta de su vanidad llevada al extremo, como si con su ausencia quisiera calibrar el valor que tiene para el otro, igual que esos niños que se esconden malhumorados para que alguien los busque. Hawthorne afina más y finaliza el cuento con un párrafo que condensa la agudeza del autor: «En la aparente confusión de nuestro mundo misterioso los individuos se ajustan con tanta perfección a un sistema, y los sistemas unos a otros, y a un todo de tal modo que con solo dar un paso a un lado cualquier hombre se expone al pavoroso riesgo de perder para siempre su lugar. Como Wakefield, se puede convertir, por así decirlo, en el Paria del Universo».

Los cachorros, novela corta de Mario Vargas Llosa, nos expone de manera cruda la soledad de un adolescente traumatizado por un accidente infantil en el que un perro mordió sus genitales, momento a partir del cual nace su apodo «Pichulita», marca imborrable del acontecimiento. Muy bien acompañado por sus amigos, siempre disponibles, él no puede acercarse a ninguna mujer más allá de los coqueteos frívolos. Cada avance que hacen con ellas sus amigos es para él un tormento insoportable que le hace presente su soledad ante el otro sexo: «Cuellar se encerró en casa un mes y en el Colegio apenas los saludaba». Los interroga enloquecido y pasea solitario, emborrachándose y poniendo su vida en riesgo constantemente.

La aparición de una nueva muchacha aviva su amor y su deseo, pero el temor a la impotencia lo retiene sin decidirse a proponerle una relación. No encuentra las palabras y el tartamudeo cristaliza como su síntoma cada vez que se confronta al acto, siempre pendiente. La novela muestra cómo ese sentimiento de impotencia cobra un valor absoluto como respuesta fallida al acontecimiento traumático. La falta existe, pero lo que determina su soledad y el final trágico no es el rechazo de los otros, sino el suyo propio a hacer con esa privación un vínculo.

«Soluciones» digitales

Klara y el sol, novela de Kazuo Ishiguro, nos presenta a una máquina humanoide de personalidad femenina, llamada Klara. Esta máquina es de una tipología llamada AA (siglas de «Amiga Artificial»), diseñada no tanto para hacer tareas domésticas como para servir de compañía. Klara es adquirida por la pequeña y frágil Josie como compañera. De entrada, vemos como el vínculo entre Josie y su madre es muy intenso y cada breve separación atormenta a la niña avivando su sentimiento de soledad. Klara es una prótesis suplementaria, siempre disponible para no dejar a solas a Josie.

El temor a la soledad planea sobre la novela como un resorte explicativo de actos, a veces, complejos y sinsentido, como la propia AA detecta: «lo que empezaba a tener claro era hasta qué punto los humanos, en su obsesión por evitar la soledad, hacían maniobras que resultaban muy complejas y difíciles de entender». Ishiguro nos muestra las paradojas de la soledad, entre la búsqueda del otro y la preferencia por estar a solas. Lo constata la propia Klara: «Hasta hace poco no creía que los humanos pudieran elegir de manera voluntaria la soledad. No sabía que a veces hay fuerzas más poderosas que el deseo de evitar la soledad». Y la madre de Josie lo confirma: «Algo tan noble como el amor

115

de una madre por un hijo puede sobreponerse al miedo a la soledad. Pero permíteme que te diga que hay otros muchos motivos por los que, en una vida como la mía, una puede preferir la soledad».

Charlie, el joven protagonista de **Máquinas como yo**, la novela de Ian McEwan, es un sujeto inconsistente y solitario: «me he pasado la mayor parte de mi vida, sobre todo cuando estoy solo, en un estado de neutralidad anímica, con la personalidad, sea esta lo que fuere, en suspenso». Busca compañía y, aunque la tiene en el piso de al lado, su joven vecina, elige un amigo artificial, «un compañero para mí mismo», un plan B por si no puede acceder a la chica: «vi cuán preciada era para mí y cuán a la ligera podía perderla». Adán, el androide que compra, se convierte en el pretexto necesario para declararse a Miranda.

Los líos y celos que se generan en el trío le ayudan a abandonar su fórmula solitaria para enfrentar la vida a partir de su deseo: «Matrimonio, paternidad, amor, juventud, riqueza, salvamento heroico... Mi vida estaba tomando forma». La realidad de una paternidad adoptiva lo saca de su fantasía de hombre rico y autosuficiente y le permite, finalmente, desprenderse de ese doble —gemelo digital— que lo encerraba en su burbuja narcisista. La soledad era ese encierro de «neutralidad anímica», sin el color del goce.

Kentukis es una novela sorprendente de Samanta Schweblin que explora la relación entre la tecnología y la intimidad a través de los «kentukis», unos dispositivos parecidos a peluches que tienen cámaras y ruedas para moverse. Estos aparatos se conectan de forma aleatoria con un controlador anónimo que los observa y manipula a distancia, infiltrándose en los hogares de otras personas alrededor del mundo. La novela se compone de múltiples historias que muestran un amplio abanico de las pasiones humanas: voyeurismo, exhibicionismo, sadismo, compasión, amor. Cada uno de los usuarios incluye al kentuki en una escena organizada a partir de su propia soledad.

Encerrados en su burbuja

Harry Haller, el protagonista de *El lobo estepario*, la novela de Herman Hesse, vive en un encierro voluntario, como una fiera salvaje, aislada del mundo. No se trata tanto de un desprecio del mundo «sino desprecio de sí mismo». Ávido y embriagado «aspiraba el ambiente de soledad y melancolía», recreándose en una ensoñación de locura e independencia. La obra va mostrando cómo ese aislamiento es un refugio, no ante los otros, sino ante su propia cobardía vital. Abandonado por su mujer, su duelo lo congela entre libros y alcohol hasta que el deseo femenino lo reconecta al suyo propio: «ella tenía que enseñarme a vivir o enseñarme a morir».

Esther, la protagonista de *La campana de cristal*, novela semiautobiográfica de Sylvia Plath, tiene una versión de sí misma como la de una adolescente tranquila y vacía que únicamente fue feliz hasta los nueve años y no entiende por qué después todo se torció: «no creía merecer tales cosas. Después de todo, yo no estaba lisiada, lo único que hacía era quizás estudiar demasiado, y nunca sabía cuándo debía detenerme». Sus encuentros con chicos siempre son fallidos y no logra salir de la soledad: «Para la persona encerrada en la campana de cristal, vacía y detenida como un bebé muerto, el mundo mismo es la pesadilla». ¿Cómo salir de su encierro cuando no logra hacer lazo más que con chicas vulnerables ingresadas como ella en el manicomio y al borde del abismo? «Debería haber, pensé, un ritual para nacer dos veces: remendada, reparada y con el visto bueno para volver a la carretera». En su diario, Plath escribió su rechazo a ser una chica por lo que tenía de dependencia del hombre. Su anhelo de renacer encontró un final trágico cuando en 1963 precintó la puerta de la cocina, abrió el gas y espero con la cabeza dentro del horno. Minutos antes había preparado el desayuno para sus hijos.

Manuel, protagonista de **Los asquerosos**, la novela de Santiago Lorenzo, nos ofrece una versión peculiar del encierro. Se presenta como un «niño de la llave», un tanto abandonado por los padres, que encuentra en la casa vacía «un especio de control, un rancho con él de mayoral». La adolescencia se le presenta como la oportunidad de salir de ese encierro forzado para hacer realidad sus «deseos de compincheo». No parece tener suerte y atraviesa el pasaje adolescente solitario y burlado, en un estado de soledad no deseada. Un azar le lleva a refugiarse en un pueblo abandonado, una suerte de isla robinsoniana en la España vaciada, donde disfruta de «una austeridad fiera en la que chapoteabas cada vez con mayor deleite». Hace de la exclusión una salida solitaria «gozosa en cuanto que vocacional. Primero la cató, luego la aceptó y por fin la abrazó como esposa». Él mismo se realiza «exámenes de soledad» verificando su ánimo y confirmando su «querencia oculta por estar a lo suyo».

El Palacio de la Luna, novela de Paul Auster, encierra toda una galería de solitarios: abuelo, padre e hijo, como si un secreto hilo uniese a las tres generaciones. Su protagonista principal, el joven Frogg, perdió precozmente a la madre y nunca conoció al padre. Ese doble duelo lo lleva a un aislamiento extremo —«llegué a estar hipnotizado por mi propia soledad»— del que pudo salir con la ayuda de un amigo y una joven que luego sería su pareja. El padre, el obeso y bizarro Solomon, tampoco conoció al suyo del que solo sabía que había muerto en algún lugar del lejano oeste. Y, por si fuera poco, la madre enloqueció el mismo día en que dio a luz. Al abuelo, el misterioso Effing, tampoco le fue mejor con su propio padre, magnate ambicioso, que le consideraba «un mariquita por su pasión por la pintura». Las dificultades de los tres para fijar su origen y la relación al padre los deja en una soledad que toma la forma de un autocastigo: «observen cómo el orgullo debilitaba mi resolución de mantenerme al margen de mi desgracia, el orgullo y una sensación de vergüenza».

Noches blancas es una de las primeras novelas de Dostoyevski. Su protagonista, sin nombre, es un joven de veintiséis años que lleva una vida solitaria en San Petersburgo. Un soñador que se refugia en sus fantasías, una criatura —como él dice— «de género neutro» que no desea nada porque está por encima de los deseos. La idea de tener una pareja sexual parece excluida: «ni siquiera en sueños he conjeturado que alguna vez iba a hablar con una mujer». Nos da aquí la clave de su soledad y del aislamiento que la fantasía le procura. El encuentro azaroso con una joven, y su desenlace, no hacen sino confirmar su futuro «envejecido, en la misma habitación, igual de solo».

Construir una nueva soledad

A mí no me iba a pasar, el relato autobiográfico de Laura Freixas, indaga sobre otro registro de la soledad, el de la mujer que se interroga sobre su condición femenina. La soledad a la hora de decidir sobre la maternidad —más allá de las expectativas de los otros— la divide respecto a su deseo: «no sabía cómo contestar (...) la maldita pregunta: ¿qué es ser una mujer?, para la que nunca había tenido una respuesta». Esa soledad estructural la tienta a taponarla con una versión demasiado maternal, cómoda y mutilada en su ser femenino.

Su vida, que hasta entonces «había sido un permanente diálogo entre lo vivido y lo leído» se topa ahora con la experiencia «más intensa y trascendental» de su vida y no encuentra nada que leer y hasta le faltan las palabras «para designar qué me faltaba».

Este libro, junto con todos sus diarios, es un esfuerzo poético por dar forma a esa soledad.

El duelo de un amor quebrado bruscamente da cuerpo a la soledad buscada de Fede, protagonista de **Los llanos**, novela del escritor argentino Federico Falco. Un duelo que lo paraliza como escritor porque «Algo se rompió. No entiendo más nada. Ya no me sale escribir». Deja la ciudad para alquilar una casa en los llanos, paisaje de su infancia que recuerda con nostalgia: «Era un espacio donde me podía encontrar a mí mismo. Donde podía leerme». La cotidianeidad de su vida de hortelano en ese gran espacio vacío le desvela la impostura de su escritura: «La trama y la intriga como una manera de entretener, de hacer compañía. Una manera de estar con el otro, pero no darle la palabra, no escucharlo, no hacer el esfuerzo de tratar de entenderlo».

La soledad, palpada en la pubertad bajo el signo de «alguien que no encaja» por su sexualidad disruptiva, se redobla, ya adulto, cuando lo abandona su pareja y pierde su «solución» literaria al constatar que ninguna palabra es «capaz de decir la verdad». Es allí que se le hace presente el vacío del que trata de zafarse: «Armé una huerta para llenar el vacío. El ancho tiempo vacío. El tiempo sin narrativas, sin historias. El tiempo del llano».

Bibliografía

Bacete, R. (2017). *Nuevos hombres buenos*, Península, Barcelona.

Bassols, M. (2009). «Soledades II», en *Blog Desescrits*, 16 de noviembre de 2009. [Disponible en línea: https://miquelbassols. blogspot.com/2009/11/soledades-ii.html].

Bates, L. (2023). *Los hombres que odian a las mujeres*, Capitán Swing, Madrid.

Bauman, Z. (2012). *Vida de consumo*, Fondo de Cultura Económica, Madrid.

Benjamin, W. (1982). «Experiencia y pobreza» [1933]. En *Discursos interrumpidos I*, Taurus, Madrid.

Berger, J. (2013). *Fama y soledad de Picasso*, Alfaguara, Madrid.

Brignoni, S. (2009). «Del aislamiento a la soledad». En *Blog de la ELP*, 4 noviembre de 2009. [Disponible en línea: https://elp.org.es/ del_aislamiento_a_la_soledad_susana_brig/].

Cosenza, D. (2024). *Clínica del exceso*, Xoroi, Barcelona.

Da Empoli, G. (2020). *Los ingenieros del caos*, Anaya, Madrid.

Deleuze, G. (2005). *Islas desiertas y otros textos*, Pre-Textos, Valencia.

Dubet, F. (2021). *Las desigualdades multiplicadas*, Siglo XXI, Madrid.

Freud, S. (2016). *Psicología de las masas y análisis del yo* [1921], Amorrortu, Buenos Aires.

— (2016). «La Angustia» [1916], en *Obras Completas, vol. 16*, Amorrortu, Buenos Aires, págs. 357-374.

Garcés, M. (2025). *La pasión de los extraños*, Galaxia Gutenberg, Barcelona.

Gómez Bárcena, J. (2024). *Mapa de soledades*, Seix Barral, Barcelona.

Gutiérrez-Rubí, A. (2025). *Polarización, soledad y algoritmos*, Siglo XXI, Madrid.

Haidt, J. y Lukianoff, G. (2019). *La transformación de la mente moderna*, Deusto, Barcelona.

Heidegger, M. (1994). *Serenidad*, Ediciones del Serbal, Barcelona.

Kimmel, M. (2023). *Hombres blancos cabreados: la masculinidad al final de una era*, Barlin Libros, Valencia.

Klein, M. (1988). «El sentimiento de soledad», *Obras Completas*, vol. 3, Paidós, Buenos Aires, págs. 306-320.

Klinenberg, E. (2019). *Palacios para el pueblo: cómo la infraestructura social puede ayudar a combatir la desigualdad, la polarización y el declive de la vida cívica*, Paidós, Barcelona.

Lacan, J. (1974). *Seminario XXI, Los incautos no yerran (Los nombres del padre)*, clase del 12 febrero. Inédito.

— (1981). *El seminario, Libro 20, Aún*, Paidós, Buenos Aires.

— (1984). *El Seminario, Libro 11, Los cuatro conceptos fundamentales del psicoanálisis*, Paidós, Buenos Aires.

— (1985). *El Seminario, libro 1, Los escritos técnicos de Freud*, Buenos Aires, Paidós.

— (1988). «La Tercera», en *Intervenciones y textos 2*, Manantial, Buenos Aires, págs. 71-90.

— (2007). *El Seminario, Libro 16: De un Otro al otro*, Paidós, Buenos Aires.

— (2012). «Acto de Fundación», en *Otros escritos*, Paidós, Buenos Aires, págs. 247-259.

— (2012). «Homenaje a Marguerite Duras», en *Otros escritos*, Paidós, Buenos Aires, págs. 209-216.

— (2012). «Prefacio a *El despertar de la primavera*», en *Otros escritos*, Paidós, Buenos Aires, págs. 587-590.

Laing, O. (2017). *La ciudad solitaria*, Capitán Swing, Madrid.

Laurent, E. (2005). «Conferencia de Bilbao», en *El Psicoanálisis* n° 9, ELP, Madrid, págs. 20-32.

La Sagna, Ph. (2007). «De l'isolement à la solitude», en *La Cause Freudienne*, n° 66, págs. 43-49.

Leguil, C. (2025). *La era de lo tóxico*, Ned Ediciones, Barcelona.

Lipovetsky, G. (2020). *Gustar y emocionar. Ensayo sobre la sociedad de la seducción*, Anagrama, Barcelona.

— (2024). *La consagración de la autenticidad*, Anagrama, Barcelona.

Marty, É. (2022). *El sexo de los modernos: pensamiento de lo neutro y teoría del género*, Manantial, Buenos Aires.

Miller, J.-A. (2001). «Teoría de Torino acerca de la Escuela sujeto», en *El Psicoanálisis*, n° 1, ELP, Madrid, págs. 65-75.

— (2006). «La orientación lacaniana. Iluminaciones profanas», Departamento de Psicoanálisis de la Universidad París 8, clase del 10 de mayo del 2006. Inédito.

— (2013). «La era del Uno», en *El partenaire-síntoma II: El orden simbólico en el siglo XXI*, Buenos Aires, Paidós, págs. 21-39.

Milner, J.-C. (2020). «El siglo XXI no hace más que acentuar el dominio del nosotros», en *Freudiana*, n° 89-90, ELP, Barcelona, págs. 101-119.

Moran, C. (2025). *¿Y los hombres qué?*, Anagrama, Barcelona.

Nussbaum, M. (2019). *Monarquía del miedo*, Barcelona, Paidós.

Putnam, R. D. (2002). *Solo en la bolera: colapso y resurgimiento de la comunidad norteamericana*, Galaxia Gutenberg, Barcelona.

Rosa, H. (2019). *Remedio a la aceleración. Ensayos sobre la resonancia*, Ned Ediciones, Barcelona.

Stevens, A. (2019). «La adolescencia, síntoma de la pubertad», en *Fort-Da*, n° 13. [Disponible en línea: https://www.fort-da.org/fort-da13/stevens.htm].

Turkle, S. (2012). *Alone Together: Why We Expect More from Technology and Less from Each Other*, Basic Books, Nueva York.

— (2017). *En defensa de la conversación. El poder de la conversación en la era digital*, Ático de los libros, Barcelona.

Ubieto, J. R. (2023). *¿Adictos o amantes? Claves para una salud mental digital en infancias y adolescencias*, Octaedro, Barcelona.

— (2024) *Adolescencias del siglo XXI. Entre el frenesí y el vértigo: ¿cómo acompañarlos?*, EdiUoc, Barcelona.

Ubieto, J.R. y Arroyo, L. (2022). *¿Bienvenido Metaverso? Presencia, cuerpo y avatares en la era digital*, Ned Ediciones, Barcelona.

Weil, S. (2023). «Reflexiones sobre el buen uso de los estudios escolares como medio de cultivar el amor a Dios», en Fernández-Savater, A., *El eclipse de la atención*, Ned Ediciones, Barcelona.

Winnicott, D. (2007). «La capacidad para estar solo [1958]», *Obras Completas, vol.* I, RBA, Barcelona págs. 457-465.

Obras literarias citadas

Auster, P. (2006). *El Palacio de la luna*, Anagrama, Barcelona.

Baltasar, E. (2024). *Ocaso y satisfacción*, Random House, Barcelona.

Coetzee, J. (2007). *Vida y época de Michael K*, DeBolsillo, Barcelona.

Defoe, D. (2016). *Robinson Crusoe*, Alianza Editorial, Madrid.

Dostoyevski, F. (2025). *Noches blancas*, Galaxia Gutenberg, Barcelona.

Duras, M. (2023). *El arrebato de Lol V. Stein*, Tusquets, Barcelona.

— (2025). *Escribir*, Tusquets, Barcelona.

Engman, P. (2021). *Los que odian a las mujeres*, Roca, Barcelona.

Falco, F. (2020). *Los llanos*, Anagrama, Barcelona.

Freixas, L. (2019). *A mí no me iba a pasar*, Ediciones B, Barcelona.

García Márquez, G. (2003). *Cien años de soledad*, DeBolsillo, Barcelona.

Giraudoux, J. (2009). *Suzanne y el Pacífico*, Acantilado, Barcelona.

Gornick, V. (2019). «Vivir sola», en *Mirarse de frente*, Sexto Piso, Madrid.

Hawthorne, N. (2013). *Wakefield*, Nórdica, Madrid.

Hesse, H. (2011). *El lobo estepario*, Alianza, Madrid.

Ishiguro, K. (2021). *Klara y el sol*, Anagrama, Barcelona.

Kafka, F. (1977). *La metamorfosis*, Alianza, Madrid.

Kang, H. (2017). *La vegetariana*, Rata, Barcelona.

Krakauer, J. (2008). *Hacia rutas salvajes*, B de Bolsillo, Barcelona.

Longo de Lesbos (2004). *Dafnis y Cloe*, Cátedra, Madrid.

Lorenzo, S. (2018). *Los asquerosos*, Blackie Books, Barcelona.

Loriga, R. (2020). *Héroes*, Alfaguara, Madrid.

Marsé, J. (2015). *Encerrados con un solo juguete*, DeBolsillo, Barcelona.

McEwan, I. (2019). *Máquinas como yo*, Anagrama, Barcelona.

Millás, J. J. (1990). *La soledad era esto*, Destino, Barcelona.

Murakami, H. (2024). *Los años de peregrinación del chico sin color*, Tusquets, Barcelona.

Murata, S. (2019). *La dependienta*, Duomo, Barcelona.

Plath, S. (2019). *La campana de cristal*, Random House, Barcelona.

Portero, A. (2023). *La mala costumbre*, Seix Barral, Barcelona.

Schweblin, S. (2018). *Kentukis*, Random House, Barcelona.

Tanizaki, J. (2025). *El elogio de la sombra*, Siruela, Madrid.

Thoreau, H.D. (2021). *Walden*, Alianza, Madrid.

Vargas Llosa, M. (2024). *Los jefes/ Los cachorros*, Alfaguara, Madrid.

Wedekind, F. (2011). *El despertar de la primavera*, Pagès, Barcelona.

Zamora, J. (2024). *Solito*, Random House, Barcelona.

AGRADECIMIENTOS

A David Pino, Eva Azaña, Francesc Vilà, Lourdes Aramburu y Ramon Almirall por sus comentarios de lectura y sus aportes de referencias.

Al fotógrafo Eloi Orobig por la cesión de las imágenes.

A la editorial Ned y a su director Alfredo Landman por su estímulo y confianza.